中公新書 2825

JN242534

近藤絢子著

就職氷河期世代

データで読み解く所得・家族形成・格差

中央公論新社刊

まえがき

１９９０年代半ばから２０００年代前半の、バブル景気崩壊後の経済低迷期に就職した「就職氷河期世代」は、若年期に良好な雇用機会に恵まれなかった結果、中年期に至る今も様々な問題を抱えている。

この世代は現在でも上の世代に比べて、不本意ながら不安定な雇用形態にある人が多く、賃金が低い。ここまでは、政府の公表している統計データを見ればすぐに確認できる事実だ。しかし、家族形成との関連性や人口動態に及ぼす影響などは、データに基づく客観的な把握がなされているとは言いがたい。

そこで本書は、世代全体をカバーする大規模な統計データを用いて就職氷河期世代の動向を客観的にとらえる。経済的に不安定なので家庭が築けない、正社員でないと子供が持てないから少子化が進む、就職氷河期世代は挫折を重ねてひきこもりになりやすい。なんとなく個人の経験に基づいて語られがちな通説を、客観的に検証する。加えて、女性の働き方の変化や、地域間移動など、これまであまり注目されてこなかった側面にも切り込んでいく。

また、「就職氷河期世代」とひとくくりに言っても、バブル景気崩壊直後の1990年代半ばに卒業した世代と、失業率が戦後最悪の水準だった2000年代初頭に卒業した世代では、新卒市場の状況には大きな差がある。「就職氷河期」という言葉が流行したのは1992〜94年ごろだが、失業率や新卒者の就職率などの指標で見ると、実は2000年代半ば過ぎの景気回復期とそう変わらない。山一証券《やまいちしょうけん》や北海道拓殖《たくしょく》銀行の破綻を契機とする金融危機の影響を受けた1999年卒から数値は一気に悪化し、2000年代初頭にかけて低迷が続く。そのため本書では、1993〜1998年卒を「氷河期前期世代」、1999〜2004年卒を「氷河期後期世代」と定義して、区別する。新卒時点での就職状況がより深刻だったのは氷河期後期世代だが、前期世代はキャリアの最初の10年あまりがずっと不景気だったという特異な世代であり、長期的に見てどちらがより問題を抱えやすいかは自明ではない。

就職氷河期世代の苦しい状況をつづった書籍はすでにたくさんあるが、多くは個別の事例を取材したルポルタージュであり、世代の全体像をとらえたものは意外と少ない。

ルポルタージュでは、どうしても特に厳しい状況にある事例にスポットが当たりやすく、安易な一般化は世代全体の状況を実態以上に悪く印象付けかねない。一方で、メディアによる報道は、都市部在住の大卒者の視点に偏りがちでもある。本書では意識的に、学歴や地域の間の差異にも目を向けていきたい。

本書の構成は以下のとおりである。

まず序章では、「就職氷河期世代」が学校を卒業した当時の状況を振り返り、就職氷河期世代という言葉の意味を確認する。本書では、「就職氷河期世代支援プログラム」関連の公文書の定義に倣い、1993～2004年に学校を卒業した世代を就職氷河期世代として扱うが、一般的には定義に若干の幅があること、前述のように1999年前後で状況が変化することなどを説明する。

続く第1章では、中年期に差し掛かった就職氷河期世代の現状を、就業率、給与、雇用形態など、労働市場の指標を用いて確認していく。上の世代に比べてどのくらい収入や雇用形態に差があるのか、そのうちどの程度が新卒時点の景気状況で説明できるのかを、詳しく見ていく。また、これまであまり注目されてこなかった下の世代との比較を行い、2000年代半ばの景気回復期に若年の雇用状況はさほど回復していなかったことも明らかにする。

第2章では、就職氷河期世代の結婚や出産行動について検証する。少子化や未婚化の一因として、不安定雇用の増加がしばしば指摘されてきたが、実はマクロレベルでの因果関係はそれほど自明ではない。特に女性は、経済理論上は、市場で働く代わりに家庭に入ることで、結婚や出産が増える可能性もある。政府による子育て支援政策の拡充の恩恵もあってか、氷河期後期世代の女性はむしろその前の世代よりも、多くの子供を産んできたことをデータで示す。

また、就職氷河期の影響自体も、男女で異なる可能性がある。新卒市場における男女格差の推移や、結婚や出産による退職行動の変化、中年に差し掛かった現在の状況などを、第3章で詳しく見ていく。

第4章では、世代内の格差の広がりや、生活困窮者やその予備軍の動向を見る。就職氷河期世代は、それ以前の世代に比べて、無業者や所得の低い非正規雇用者の割合が増えたことで、所得分布が下側に広がる形で格差が拡大した。また、親に経済的に依存する無業者や不安定雇用者が増え、親が高齢となった後の生活困窮が懸念されることを示す。また、氷河期世代よりも若い世代でも格差は縮小しておらず、将来の生活に懸念がある無業者は増え続けていることも示す。

第5章では、これまであまり注目されてこなかった、都市と地方の違いや地域間移動に焦点を当てる。就職氷河期の影響には地域差があったのか。だとすれば、比較的景気のいい地域へ人口が移動していたのか。また、18歳時点ですでに景気が悪化していた世代では、経済的な制約から東京の大学に進学しにくくなって地域間移動が抑制されていた可能性などについても検証する。

ここまでの現状把握を踏まえて、終章では、いわゆる8050問題や無年金高齢者の増加など、今後顕在化が予想される問題にも触れつつ、今から何ができるのかを考えていきたい。

目次

就職氷河期世代

序　章　就職氷河期世代とは

「就職氷河期世代」とは

就職氷河期世代。1990年代半ばから2000年代初頭にかけて、バブル崩壊後の不況の中で就職活動をせざるをえなかった世代を指す言葉である。「就職氷河期」という言葉が初めてメディアに登場したのは1992年秋と言われている。1994年には新語・流行語大賞特別賞を受賞している。このころ、バブル景気の崩壊を受けて雇用情勢が急激に悪化し、新卒の就職市場も冷え込んでいった。この就職難は、90年代末にはさらに深刻さを増し、2000年代半ばまで続いた。

具体的にいつからいつまでを就職氷河期と呼ぶか。本書では、2019年の「就職氷河期世代支援プログラム」関連の公文書の定義に倣い、1993〜2004年に高校や大学などを卒業した世代を就職氷河期世代とする。生まれ年で言うと、1970年（1993年に大学を卒業）から1986年（2005年に高校を卒業）が該当する。「国勢調査」（総務省統計局）の人口データと「学校基本調査」（文部科学省）の進学率などを使って大まかに計算すると、1993年から2004年の間に高校・短大・大学を卒業し社会に出た就職氷河期世代の人口は、約２０００万人だ。これは日本の人口の約６分の１にあたる。

ただし、既存の文献における就職氷河期世代の定義には若干の幅がある。卒業年ではなく、生まれ年や特定の時点における年齢で定義されることもある。また、「就職氷河期世代」と似たような意味で、「ロストジェネレーション」「ロスジェネ」といった言葉もしばしば使われる。こちらは、２００７年に朝日新聞社が、当時25～35歳の若者を指して名付けた言葉だ。１９７２～82年生まれに相当し、そのほとんどが就職氷河期に学校を卒業して社会に出た。

このように定義に多少の幅はあるものの、バブル崩壊後に10年あまり続いた就職難の時期に社会に出て、２０２４年の現在30代の終わりから50代前半となった世代が就職氷河期世代である。若年期に良好な雇用機会に恵まれなかった結果、中年となった今でも経済的に不利な立場にあるとされる就職氷河期世代だが、本章ではまず、当時の就職状況を再確認したうえで、この世代がこれまでどのような形で語られてきたのかを、振り返ってみたい。

マクロ指標で見る就職氷河期

　１９８０年代後半から直近までの、新卒採用市場関連の指標を図示する。網掛けの部分が就職氷河期である。図序－１は大卒・短大卒の就職率及び大卒求人倍率、図序－２が高卒の就職内定率と求人倍率で、どちらも横軸は卒業年である。図序－３は日本の労働力人口全体に対する失業率で、実際に就職活動をしていた時期と対応させるためには卒業年よりも1年前にずらして見る必要がある。

　バブル崩壊後の景気後退は１９９１年から始まっていたが、その影響が本格的に新卒採用市場に及びはじめたのは93年卒である。図序－１を見ても、93年卒から急激に就職率や求人倍率が落ち込みはじめたのがわかる。92年卒から95年卒までの3年間で、就職（内定）率は10～20％下がり、求人倍率は半分以下になっている。短期間にこれほど急激に雇用情勢が悪化したのは過去30年間でもこの時期だけである。前述のとおり、「就職氷河期」という言葉が生まれて定着したのもこのころである。

　このように急激な変化を経験する一方で、就職率や求人倍率、失業率などの水準自体は、２０００年代半ばの「景気回復期」とされていた時期と同じくらいだった点にも注目したい。就職氷河期の初めのころは、就職率自体はその後の25年間の中で必ずしも悪

図序-1　新規大卒者関連指標

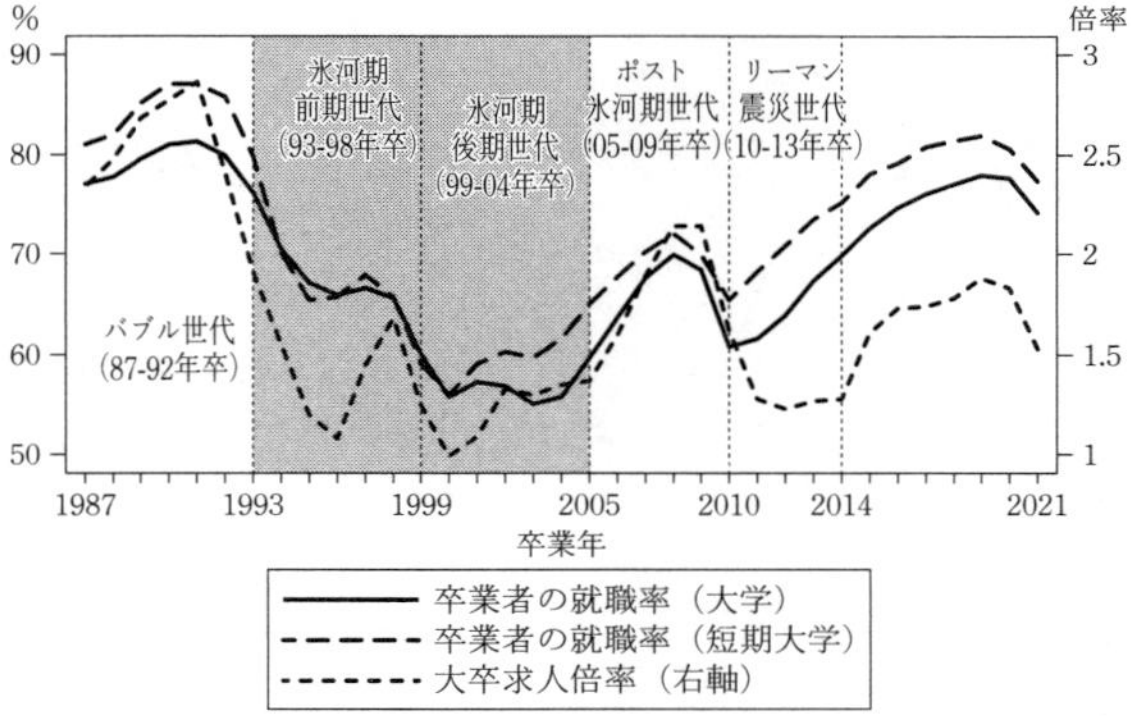

出所
(1) 就職率：文部科学省『学校基本調査』
大卒求人倍率：リクルートワークス研究所『大卒求人倍率調査』

注
(1) 文部科学省が公表している就職（内定）率は、就職希望者に占める就職（内定）者の割合であり、年度末が近づくにつれて、就職が決まらない生徒／学生が就職希望を取り下げて分母が小さくなり、就職率が100%近くになってしまう。そこで短大卒・大卒については、進学者は少数であることから、あえて卒業者全体に占める就職者の割合を提示した。この時期、大学院進学率が1980年代後半の7％弱から2000年代半ばの11%強へと5％ポイント近く上昇した点は留意する必要があるが、そもそも大学院進学率の上昇自体が就職氷河期の影響を受けていた可能性もあり、あえて進学者を分母から除くことはしなかった。

図序-2　新規高卒者関連指標

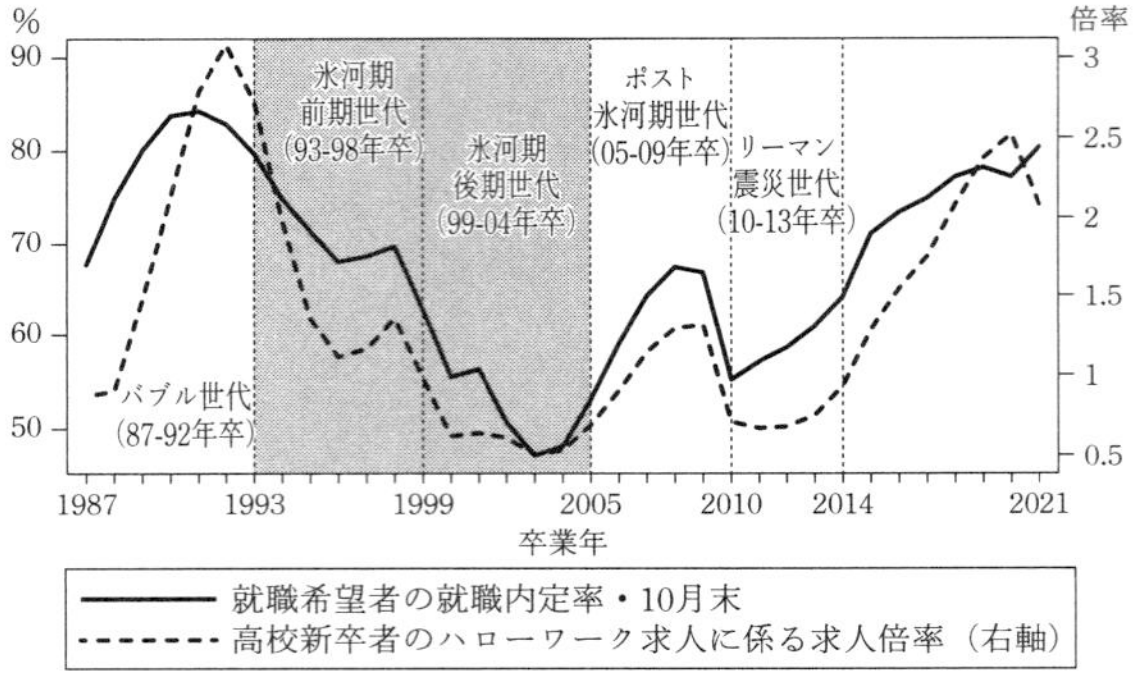

図序-3　完全失業率（男女・年齢計、年平均）

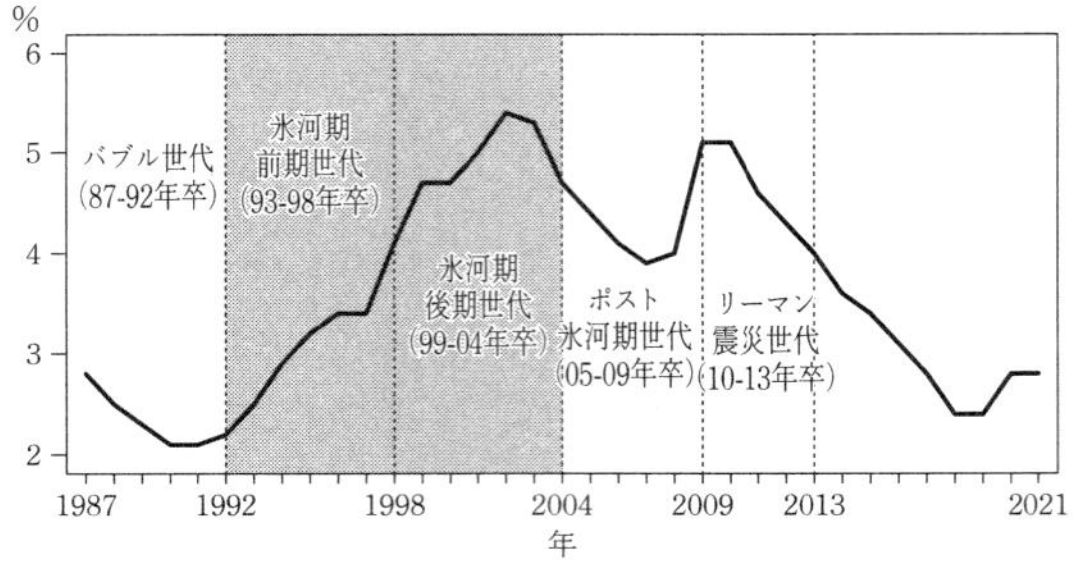

出所

(2)　就職希望者の就職内定率：文部科学省『高等学校卒業予定者の就職内定状況調査』

高校新卒者のハローワーク求人に係る求人倍率：厚生労働省、各年７月末現在

(3)　完全失業率：総務省統計局『労働力調査』

注

(2)　高卒については、この時期の大学進学率の上昇が非常に大きく、進学者・進学希望者を分母に含めてしまうと実態が見えなくなってしまうので、公表されている中で最も年度末から遠い、10月末現在の就職希望者に占める就職内定率を示すことにした。

いほうではないのである。しかし、その直前のバブル景気の時代が極端な売り手市場であったため、そこからの落差が問題だったのだ。

その後、景気はいったん底を打ち、1995、96年ごろは徐々に回復傾向にあるようにすら思えた。ところが、97年の秋になって、北海道拓殖銀行と山一證券が相次いで破綻、金融危機の様相を呈し、翌98年にかけて景気が一段と悪化した。この影響が出始めるのは、98年に就職活動をし、翌99年3月に卒業した学年からである。図序－1を見ても、99年卒から、就職率や求人倍率ががくんと下がり、2000年代初頭にかけては過去30年間で最低の水準まで落ち込んでいたことがわかる。

このように、97～98年の金融危機の前後で、雇用情勢はかなり異なる。この点を踏まえて、「まえがき」でも述べたように本書では、93～98年卒を「氷河期前期世代」、99～04年卒を「氷河期後期世代」と定義して、区別する。氷河期前期世代はそれ以前の売り手市場との激しい落差を経験した世代、氷河期後期世代は雇用の水準そのものがどん底だった世代だ。

ところで、図序－1を眺めていると、04年卒と05年卒の間にそれほど差がないことにも気づく。確かに、05年卒はその直前の学年よりは多少数字が改善しているものの、就職氷河期が終わったといってよいほどの回復ぶりではないように思う。しかし05年卒以降の学年を就職氷河期世代に含めている文献はほとんどなく、就職氷河期世代向けの政策対象からも外れることが多かった（ただし、現行の「就職氷河期世代支援プログラム」では2000年代に卒業した世代は全て含むよう対象が拡大されている）。本書も他の文献との整合性を考えて04年卒までを就職氷河期世代と定義するが、本当は06年卒くらいまで就職氷河期世代に含めるべきなのかもしれない。

その後、07～09年卒でいったん90年代半ばと同水準まで回復するものの、08年秋のリーマンブラザーズの破綻に始まる世界同時恐慌（リーマンショック）の影響を受けた10年卒以降の数年にわたって再び落ち込む。就職氷河期世代の陰に隠れて注目されにくいが、そのすぐ下の世代についても注意深く目を配る必要があるだろう。

前期世代と後期世代の違い

図序－1からは、「就職氷河期世代」と一言で言っても、98年以前に卒業した前期世代と、99年以降に卒業した後期世代では、就職時点の雇用状況には大きな差があることがわかった。これに加えて、前期世代と後期世代では子供のころの経済状況や教育環境が大きく違い、それゆえ社会に対する期待形成も大きく異なっていた可能性があることも指摘しておきたい。

氷河期前期世代の、特に大卒者は、団塊の世代の子供である団塊ジュニア世代と重なっている。団塊の世代は一般的に1947～49年生まれを指し、その子供の年齢にはばらつきがあるものの、「団塊ジュニア世代」といった場合おおむね1970年代前半生まれを指すことが多い。この世代が大学を卒業した時期が、ちょうど就職氷河期の始まりと重なっているのだ。

この団塊ジュニア世代は、好景気の中で物質的な豊かさを享受しながら育った一方で、人口ボリュームの多さもあって、子供のころから苛烈《かれつ》な競争にさらされがちであった。例えば、作家の雨宮処凛《あまみやかりん》氏（1975年生まれ）はこう記している。

確かに子どもの頃、「未来は明るい」ことは漠然と信じられていた。経済成長がこのまま続き、その中でいい成績を取り、いい学校、いい大学に行き、いい会社に就職、という神話は唯一絶対と言っていいほどの力を持っていた。そのために、数の多い団塊ジュニア間の受験戦争は過酷さを極めてもいた。（中略）「努力すればしただけ報われる」という言葉には、景気が良かったからこそまだ信憑性《しんぴょうせい》があり、しかし、自分たちが社会に出る頃になって、「今までのことはバブル崩壊によって全部嘘《うそ》になりました」と梯子《はしご》を外された世代。（雨宮処凛『ロスジェネはこう生きてきた』平凡社新書）

この「梯子を外された」に近いニュアンスの話は、団塊ジュニア世代について語った他の文献でも多く目にする。氷河期前期世代でもある団塊ジュニア世代は、ちょうど社会に出るタイミングで急激な変化にさらされ、その変化に適応することに困難を抱えてきた世代ということもできるだろう。

一方で、新卒労働市場が最も冷え込んでいた時期に社会に出た氷河期後期世代は、経済ニュースが理解できるような年齢に達した時にはすでに不景気になっており、必ずしも「豊かな日本」を実感しながら育ったわけではない。18歳人口の減少もあって、受験競争は団塊ジュニア世代ほど苛烈ではなかったはずだが、逆に経済的困窮から進学をあきらめたり、奨学金の返済に今も苦しんだりしている割合は団塊ジュニア世代よりも多いだろう。氷河期前期世代が「梯子を外された世代」なら、後期世代は梯子など最初からなかった世代と言える。

こうしたマインドセットの違いは、仕事に対する姿勢だけでなく、メンタルヘルスや人生観にも影響を与えうる。次章以降で、氷河期前期世代は、就職氷河期が終わった後の世代よりも雇用や年収などの数値の上では恵まれていたことが明らかになるが、主観的なショックという意味では、氷河期前期世代はより若い世代が経験しなかった急激な変化を体験した世代であるという点は心にとめておきたい。

ポスト氷河期世代・リーマン震災世代

本書の主な分析対象は就職氷河期世代だが、データの取れる範囲でその下の世代にも目を向けてみたい。具体的には、リーマンショックの影響が顕在化する前の05〜09年卒を「ポスト氷河期世代」、リーマンショックや、2011年3月の東日本大震災の影響を被った10〜13年卒を「リーマン震災世代」と定義する。リーマン震災世代は本書執筆時点で30代前半であり、第2章で扱う家族形成などの分析はまだできないが、可能な範囲で分析対象に含めていく。

図序−1でも示したように、ポスト氷河期世代が直面した新卒採用市場は、氷河期後期世代よりは改善しつつあったものの、依然として厳しい状況にあった。回復のピークである07〜09年卒ですらせいぜい90年代半ば、すなわち就職氷河期の前半と同水準だったのだ。それにもかかわらず、なんとなく世間のイメージとして、２０００年代半ばは、特に大卒は売り手市場だったという印象が持たれていないだろうか。

そして、２００８年秋のリーマンショックを機に一気に雇用状況は悪化し、２０１１年３月の東日本大震災も日本経済に深刻なダメージを与えた。この時期に卒業した世代は、非常に厳しい就職活動をせざるをえなかったはずである。にもかかわらず、就職氷河期世代の陰に隠れてあまり顧みられていないように思う。

しかしその後、景気回復と若年人口の減少が重なって、若年労働市場は売り手市場に転じた。このため、近年は若年の雇用状況が改善したと認識され、２０２０年ごろまでは「35歳以下」という若年の定義に辛うじて収まっていたリーマン震災世代が忘れられがちなように思う。氷河期世代よりは若く、教育訓練投資の効果も高いであろうこの世代に、もう少し目を向けてもよいのではなかろうか。

就職氷河期世代観の変遷

ここで少し視点を変えて、就職氷河期世代がこれまでどのように語られてきたかを振り返ってみたい。「就職氷河期」という言葉がメディアに登場してから四半世紀の間に、この世代に対するイメージはどのように変わってきたのだろうか。

すでに見たように、新規学卒者の就職率は1993年以降急速に落ち込んだ。その結果、90年代半ばにはすでに、学校を卒業しても正社員の仕事に就かずアルバイトで生活する、いわゆる「フリーター」の増加が社会問題となりつつあった。それと同時に、就職難にもかかわらず、せっかく就いた仕事をすぐにやめてしまう若者の増加も問題となっていた。この離職率の高さのせいか、1990年代のうちは、若者の失業や非正規雇用の増加の原因を、若者の意識の変化に求める見方が多かったように思う。

これを端的に示すのが、平成12年（2000年）の労働経済白書の、若年雇用問題に関する記述だろう。この白書には「高齢社会の下での若年と中高年のベストミックス」というサブタイトルがついており、若年者の雇用・失業問題に1章が割かれている。この章では、フリーターの増加や離職率の上昇の原因として、景気の低迷による労働需要の減少と並べて、「職業に対する目的意識の希薄化」「（親の世代の）経済的な豊かさ」を挙げている。若者の就業意識の変化として、仕事に対し具体的な希望のない高校生が増えていることや、そもそも正社員としての就職活動をしない大学生が相当数いること、フリーターを会社にとらわれない自由な働き方として肯定的にとらえる若者が増えている、といった記述が続く。そして裕福な親の存在によって生活が守られているので、正社員として就業しなくても生活できてしまうことが背景として指摘される。フリーターになるのも、就職したあとすぐに離職するのも、若者自身の意思による自発的な選択だという見方だ。

しかし2000年代に入り、ますます雇用情勢が厳しくなると、若者は自ら望んでフリーターになっているわけではない、問題は良好な雇用機会の減少にある、という見方が優勢になってくる。離職率の高さも、若者の側の就業意識の低下というより、やりがいや希望を持って続けられる仕事や成長の機会を与えてくれる仕事が減ってしまった結果であることが経済学者によって指摘された（黒澤・玄田2001）。

2003年には省庁横断的な若者政策「若者自立・挑戦プラン」が策定されるなど、若年雇用問題は政策課題としても注目されるようになってきた。学生でもなく求職活動もしていない無業の若者を指す「ニート」という言葉が広く知られるようになったのもこのころである。2006年からは若年無業者の自立をサポートする地域若者サポートステーション（サポステ）も各地に設置されるようになった。

そして、2000年代半ばの「景気回復期」（前述のとおり実際には新卒採用市場はそこまで回復していなかったのだが）に入り、この景気回復から取り残された世代として就職氷河期世代が取り上げられるようになってきた。例えば2008年に、総合研究開発機構（NIRA）が「就職氷河期世代のきわどさ」という研究報告書を出している。「ロストジェネレーション」「ロスジェネ」という言葉が使われだしたのもこのころだ。2000年代末には、この世代が長期的に不利な立場に置かれ続けていること、このまま何もしなければより問題は深刻化していくであろうことが、すでに指摘されていたのだ。

当時、氷河期前期に大学を卒業した世代は30代後半に差し掛かっており、サポステなどの若年支援事業の上限年齢を35歳から39歳に引き上げる動きが見られた。おりしも、2008年秋のリーマンショックに始まる世界同時恐慌の影響で、アルバイトや派遣社員の雇止めが急増し、社会問題となっていた。

しかしその後、2011年の東日本大震災とその後の復興を経て、若年人口の減少による需給バランスの変化もあって若年の雇用状況は改善し、世間の関心は高齢者の雇用機会確保や女性の就業促進に移っていった。そして気がつけば、他の世代との格差が埋まらないまま、就職氷河期世代は40代になっていた。親世代の介護の問題や、氷河期世代自身の老後不安が顕在化して、再び注目されるようになってきたのは2010年代後半のことだ。そして2019年に、「就職氷河期世代支援プログラム」が、政府による3年間の集中プログラムとして立ち上げられた。

しかし2020年に始まった新型コロナウイルスの世界的な蔓延《まんえん》と行動制限によって、飲食業や観光産業など特定の産業が大きなダメージを受けると、就職氷河期世代の問題はその対策の陰に霞《かす》んでしまった感もある。コロナ禍の経済活動への影響が落ち着いた今、改めて目を向けなおすべき時にきているのではないだろうか。

指摘されてきた問題点

ここで就職氷河期世代が抱えている問題として、どのようなものがこれまで指摘されてきたのかをまとめておこう。

まず、多くの人が指摘し、データで裏付けもされているのが、上の世代に比べた給与の低さと、不安定就業の多さだ。例えば連合総研（2016）は、2010年から15年にかけて、労働市場全体では給与水準が上昇傾向にあったにもかかわらず、就職氷河期世代の給与だけが5年前の同じ年齢階層に比べて下がっていることを指摘した。このレポートは、テレビでも取り上げられ話題となった（NHKクローズアップ現代「アラフォー・クライシス」２０１７年12月・２０１８年6月）。また、就職氷河期世代は、正社員を希望しているのに非正規雇用にとどまっている割合が高いだけでなく、正社員であっても勤続年数が短いことも知られている。詳しくは次章で分析する。

給与や不安定就業ほどはっきりしたデータの裏付けはないものの、長期にわたる無業者が多いとか、求職活動をしていない無業者であるニートが多いと言われることもある。就職氷河期世代支援プログラムにひきこもり支援が組み込まれているのも、この世代にひきこもりが多いと考えられているからだろう。この点は第4章で詳しく見る。

加えてよく言われるのが、未婚化や少子化への影響だ。雇用が安定しないと結婚できないとか、子供を育てる経済的余裕がないという声だ。２０００年代に少子化問題について論じた文献を見ると、ほとんど必ずと言っていいほど若年層の雇用状況の悪化が挙げられている。確かに、同世代の中で比較すると、少なくとも男性は、正社員に比べて非正規雇用のほうが結婚している割合が明らかに低い。しかし、第2章で詳しく説明するが、世代全体の出生率と就職氷河期の関係はそれほど単純ではない。

ここまではデータで検証可能な過去や現在の話だが、これから顕在化してきそうな問題としては、介護と仕事の両立や、就職氷河期世代自身の老後不安がある。低収入・不安定就業のまま年を重ねていくと、将来受け取れる公的年金の額も給与に比例して低くなり、かといって収入が低いので貯蓄をする余裕もない。就職氷河期世代が老後を迎えた時に、生活保護に頼らざるをえない高齢者が大量にでてくるのではないか、ということは2000年代の半ばからすでに指摘されてきた。また、もともと就業が不安定であるがゆえに、親の介護をする必要が生じた際に、両立できずに離職せざるをえず、貧困に陥りやすいことも指摘されている。

そもそも、日本の人口の6分の1にあたるこの世代が、十分に活用されないまま年を取っていくこと自体がマクロ経済にとって大きな損失である。これも「ロスジェネ」という言葉が生まれた当初から指摘されてきたことだ。朝日新聞「ロストジェネレーション」取材班による『ロストジェネレーション』にはこうある。

この世代の行く末は、日本社会の運命を決める。仮に彼らの多くが不安定雇用のまま年を取っていけば、消費は落ち込んで税収は減るだろう。福祉コストを圧迫し、何よりも日本社会の活力を削り取っていく。

こうした指摘がなされてから十余年。果たして、就職氷河期世代は、いまどのような状況にあるのだろうか。次章以降、データに基づいて詳しく見ていきたい。

第1章　労働市場における立ち位置

本章では、就職氷河期世代の就業状態や仕事の特徴、年収などをその前後の世代と比較し、この世代の労働市場における立ち位置を確認していく。

なお、本章で扱う数値はすべて、男性のみのデータに基づく。なぜなら、女性は結婚や出産を機に仕事をやめたり正規雇用から非正規雇用に変わったりすることが多く、未婚率の上昇や出産年齢の高齢化（晩産化）の影響を考慮する必要があり、話が複雑になりすぎるためである。結婚や出産の意思決定自体が、若年期の労働市場の状況に影響を受ける可能性があり、この点については、第2章で詳しく分析する。それを踏まえて、就職氷河期の前後の世代の女性の働き方の変化については第3章で改めて考察する。

初職――正規雇用か、非正規雇用か

序章では、就職氷河期に入ってから急速に新卒採用の求人が減り若年の雇用機会が失われていったことを、失業率などのマクロの指標を用いて確認した。ここからは、個人を対象としたアンケート調査を世代ごとに集計して、就職氷河期世代の初職（学校を卒業してから最初に就いた仕事）の特徴をより詳しく見ていこう。

まず、２０１７年の「就業構造基本調査」（総務省統計局）を用いて、初職の雇用形態を確認する。この調査では最後に通った学校を卒業した年も訊《き》いているので、これに基づいて、回答者をバブル世代（87〜92年卒）、氷河期前期世代（93〜98年卒）、氷河期後期世代（99〜04年卒）、ポスト氷河期世代（05〜09年卒）、リーマン震災世代（10〜13年卒）に分ける。バブル世代はバブル景気の時期に就職した世代、氷河期前期世代はバブル崩壊後金融危機より前に就職した世代、氷河期後期世代は金融危機後に就職した世代である。ポスト氷河期世代は、就職氷河期が一応終わり、新卒市場が売り手市場になったと言われていた時期に卒業した世代。リーマン震災世代は、リーマンショックや東日本大震災の影響を受けた世代である。若い世代ほど大卒が多く高卒が少ないので、学歴構成の変化と同じ学歴の中での変化を区別するために、学歴別の集計も行う。

表１－１に、学校を卒業してから最初に就いた仕事が正規雇用（正規の職員・従業員）だった割合と、非正規雇用（パート・アルバイト・派遣社員・契約社員・嘱託・その他雇用者の合計）だった割合をまとめた。

まず、バブル世代に比べて就職氷河期世代のほうが、正規雇用の割合が低く、非正規

表1-1　学歴別・初職が正規雇用だった割合（上段）
非正規雇用だった割合（下段）

		高校	専門学校	短大・高専	大学	学歴計
バブル世代（87-92年卒）	正規	84.5%	84.6%	90.5%	91.5%	85.8%
	非正規	8.7%	6.1%	3.9%	2.9%	7.1%
氷河期前期世代（93-98年卒）	正規	79.4%	82.4%	84.8%	89.1%	82.9%
	非正規	14.0%	9.2%	7.5%	6.0%	10.6%
氷河期後期世代（99-04年卒）	正規	72.5%	76.7%	80.3%	84.2%	78.1%
	非正規	22.4%	16.6%	13.4%	11.5%	16.7%
ポスト氷河期世代（05-09年卒）	正規	73.2%	77.1%	80.6%	87.2%	79.9%
	非正規	23.5%	19.2%	15.1%	10.0%	16.7%
リーマン震災世代（10-13年卒）	正規	71.3%	79.5%	83.4%	83.7%	79.3%
	非正規	25.8%	17.4%	14.0%	14.5%	18.3%

※　男性のみ。合計が100%にならないのは、最初に就いた仕事が自営業など雇用者でない人がいるためである。
出所：平成29年就業構造基本調査より筆者作成

雇用の割合が高いことがわかる。学歴計（全ての学歴の合計）の数字を見ると、就職氷河期が始まる前は新卒の85％以上が正規雇用に就いていたのだが、氷河期後期世代では、この割合が8割弱に減っている。逆に、非正規雇用の割合は、7・1％から16・7％へと、倍以上に増えている。

さらに、氷河期前期世代と後期世代の間にもかなり差がある。すでに序章で、氷河期前期世代と後期世代では、新卒求人倍率や就職率に差があったことを示したが、初職の正規雇用割合や非正規雇用割合にも、その差が表れている。バブル世代と氷河期前期世代の差よりも、氷河期前期世代と後期世代の差のほうがむしろ大きいくらいだ。

なお、初職が雇用者以外（自営業など）の割合は年長の世代ほど高く、バブル世代の7％からリーマン震災世代の2％まで単調に下がり続けている。必ずしも、昔であれば自営業になっていた層が非正規雇用になっているとは限らないが、正規雇用の減少分と自営業の減少分を足し合わせると非正規雇用の増加分になるので、正規雇用の減少以上に非正規雇用の増加が大きくなっている。

学歴別に見ると、正規雇用割合は高校卒が最も低く、大学卒が最も高いが、いずれの学歴でもバブル世代から氷河期後期世代にかけて大幅に低下している。この時期、大学進学率の上昇により、世代別の男性人口に占める大卒者の割合は、バブル世代の約30％から氷河期後期世代では35％にまで増えていた。本来、高学歴化は正規雇用比率を上げる方向に働くはずだが、それを上回るスピードで、それぞれの学歴の中での正規雇用比率が低下していたのだ。代わりに増えたのが非正規雇用で、氷河期後期世代では、高校卒の22・4％、大学卒でも11・5％が、学校を卒業した後にまず非正規雇用の仕事に就いている。

ここまでは世間の認識どおりの結果だろう。しかしポスト氷河期世代の非正規雇用割合が、氷河期後期世代とほとんど変わらなかったことは、あまり知られていないかもしれない。

ポスト氷河期世代と氷河期後期世代を比べると、大学卒のみ正規雇用が増え非正規雇用が減る傾向が見られるものの、ほかの学歴ではほとんど変わらないか、逆に非正規雇用が増加した。そして、リーマン震災世代になると、大学卒や高校卒では、氷河期後期世代以上に正規雇用が減り非正規雇用が増えている。なぜか専門学校や短大高専卒では、ポスト氷河期世代よりリーマン震災世代のほうが若干改善しているが、専門学校や短大高専卒が男性全体に占める割合は低い。したがって、世代全体で見ればリーマン震災世代は氷河期後期世代以上に、卒業後すぐに正規雇用の仕事に就く機会が限られていたといえよう。

２０００年代を通じて高校卒の正規雇用比率が低迷していた背景には、大学進学率の上昇による高卒労働者の相対的な地位の低下や、高校と地元企業の結びつきの弱まりなど、景気以外の要因もある。とはいえ、２０００年代半ばの「就職氷河期が終わり新卒市場が売り手市場になったと言われている時期」が、実はそれほど売り手市場でもなかったことは序章でも指摘したとおりである。

就職先の規模・業種・離職率

「就業構造基本調査」は、規模が大きく回答率も高いため信頼性が高いが、初職については雇用形態以外の情報をほとんど訊いていない。そこで、ここからは東京大学社会科学研究所附属社会調査・データアーカイブ研究センターによる『働き方とライフスタイルの変化に関する全国調査』(以下「社研パネル調査」と略記)を用いて就職先の企業規模や業種、就職後3年以内の離職率などの傾向を見ていく。

本調査の対象者は1966〜86年生まれにあたり、バブル世代から氷河期後期世代までがカバーできる。ただし、就業構造基本調査と比べると、調査の規模が小さいほか、中学卒と大学院卒が少なく専門学校卒と大学卒が多いという分布の偏りがあるため、以下は学歴別の集計のみ掲載する。なお、男性はもともと短大卒が少なくサンプルサイズが小さくなりすぎるため、短大・高専卒は表から除いている。

まずは、初職が正規雇用だった割合を確認しよう。表1－2を見ると、「就業構造基本調査」から作成した表1－1とは数字に若干差があるものの、バブル世代よりも氷河期世代、氷河期前期世代よりも後期世代のほうが正規雇用比率が低い、という傾向は同じであることが確認できる。

表1-2　初職が正規雇用だった割合

	高校	専門学校	大学
バブル世代（87-92 年卒）	87.9%	92.5%	94.1%
氷河期前期世代（93-98 年卒）	82.2%	83.6%	93.6%
氷河期後期世代（99-04 年卒）	67.2%	63.4%	78.1%

出所：社研パネル調査より筆者作成

表1-3　最初の勤め先が従業員数 300 人以上の大企業だった割合

	高校	専門学校	大学
バブル世代（87-92 年卒）	34.3%	25.0%	60.6%
氷河期前期世代（93-98 年卒）	24.8%	21.3%	49.8%
氷河期後期世代（99-04 年卒）	24.8%	19.8%	40.6%

出所：社研パネル調査より筆者作成

次に、最初の勤め先の企業規模についても見てみよう。表1－3に、最初の勤め先が従業員数300人以上の大企業だった割合をまとめた。どの学歴でも、バブル世代のほうが就職氷河期世代よりも、明らかに大企業の割合が高い。大学卒では、氷河期前期世代と後期世代の間にも差がある。例外はあるにせよ、平均的には大企業のほうが給与が高く福利厚生も充実しており、雇用の安定性も高い。企業規模で見ても、就職氷河期世代は、すぐ上のバブル世代に比べて、条件の悪い就職先の割合が増えていたことがわかる。

また、就職先の業種にも変化が見られる。世代×学歴×業種別割合の表は細かすぎて見づらいので割愛するが、学歴を問わず、就職

表1-4　初職を3年以内に離職した割合

	高校	専門学校	大学
バブル世代（87-92年卒）	22.1%	22.0%	10.1%
氷河期前期世代（93-98年卒）	23.8%	31.6%	24.2%
氷河期後期世代（99-04年卒）	27.0%	31.3%	29.4%

出所：社研パネル調査より筆者作成

氷河期世代はバブル世代よりも製造業の割合が低い（高卒では43%から34%、大卒では31%から19%へそれぞれ減少）。その分増えているのはサービス業や小売業である。なお、女性では医療・福祉サービス業の伸びが著しい（第3章で詳述）が、男性はそもそも医療・福祉サービス業の占める比率が小さいため全体に与えるインパクトは大きくない。むしろ、製造業が減った分、小売業と飲食業を含めたサービス業全体がまんべんなく増えている印象である。

一般に不本意な就職をした人ほど早期に離職しやすいことが知られているが、就職氷河期世代はバブル世代に比べて離職率も高い。表1－4に、初職を3年以内に離職した割合をまとめた。専門学校卒では氷河期前期世代の離職率が後期世代よりもわずかに高くなっている一方、大卒では前期世代より後期世代のほうが5%ほども高くなるなどブレがあるものの、どの学歴階層でも、氷河期世代はバブル世代よりも3年以内に離職した割合が高い、という点では一致している。

ちなみに、就職して3年以内に中卒の7割、高卒の5割、大卒の3割が離職する現象を指す「七五三離職」という言葉があるように、他の統計では高卒の3年以内離職率はもっと高い。学歴分布の偏りもあり、「社研パネル調査」は、「就業構造基本調査」などの政府統計に比べると信頼度が低いことは留意する必要がある。

とはいえ、就職氷河期世代の初職はその上の世代に比べて、製造業が少なくサービス業が多く、大企業が少なく、3年以内の離職率が高いという傾向は、2016年に大卒者のみを対象に連合総研が行ったアンケート調査（連合総研2016）など、他の調査でも確認されている。就職氷河期世代は、少なくともすぐ上のバブル世代と比べて、卒業直後に比較的条件の悪い仕事に就くことが多かったのは間違いない。

就業状態の推移――世代間の差は徐々に縮まる

就職氷河期世代は、学校を卒業して最初に就いた仕事の条件が、すぐ上のバブル世代に比べて悪かったことを確認した。ここからは、卒業後、現在に至るまでの就業状態や年収の推移を、「労働力調査」（総務省統計局）や「賃金構造基本調査」（厚生労働省）のデータで見ていこう。

図１-１　卒業後の就業率の推移・男性

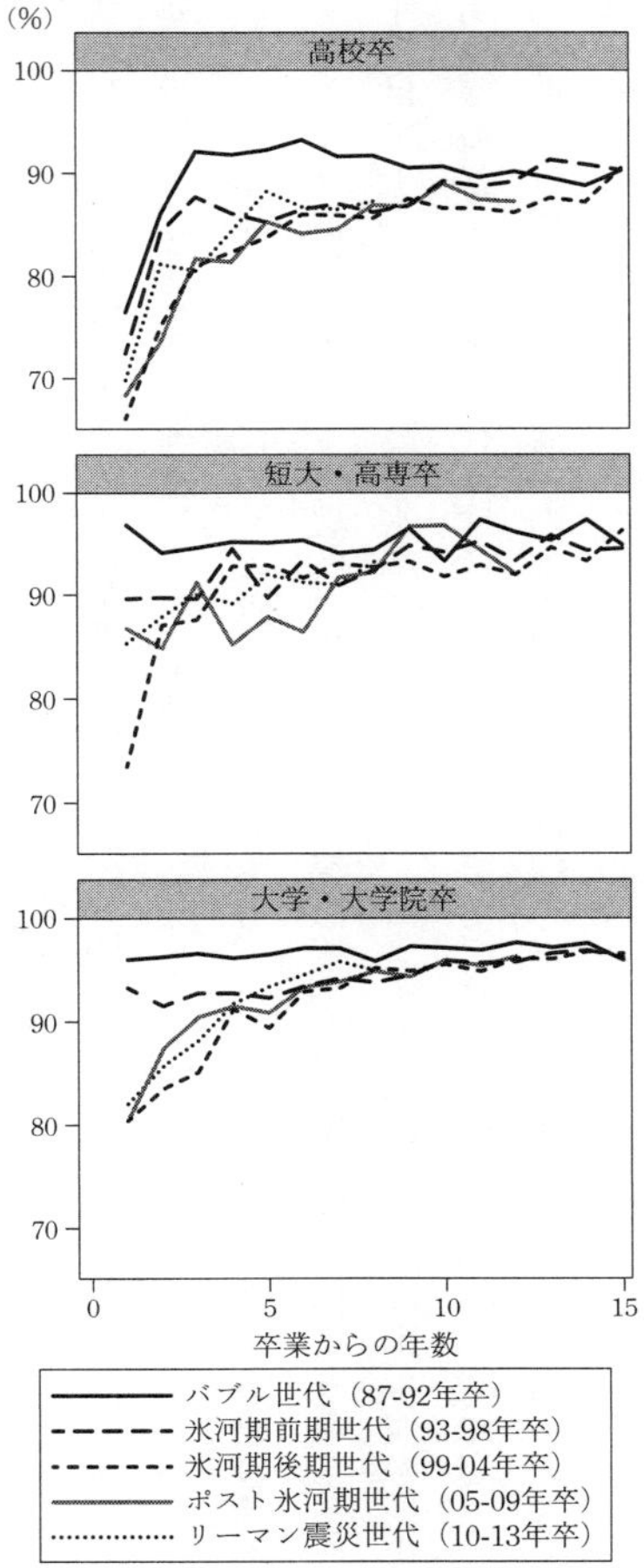

出所：労働力調査より筆者作成

図1－1は、労働力調査の特定調査票（2001年以前は特別調査）のデータを集計して、各世代の男性の、卒業後の就業率の推移を学歴別にプロットしたものである。世代の定義は、初職の分析同様、バブル世代（87～92年卒）、氷河期前期世代（93～98年卒）、氷河期後期世代（99～04年卒）、ポスト氷河期世代（05～09年卒）、リーマン震災世代（10～13年卒）である。学校卒業年の翌年から15年分（ポスト氷河期世代以降は一番若い学年が2022年現在到達している年数）をプロットした。

図1－1を見てまず目につくのは、どの学歴でも、バブル世代は一貫して他の世代よりも就業率が高いことだ。一般的に男性は、卒業直後の就業率は壮年期よりもやや低く、数年かけて上がった後は高い水準で安定するが、バブル世代は卒業直後から他の世代よりも就業率が高く、その後もずっと高いままである。卒業直後の就業率が次に高いのは氷河期前期世代で、最も低いのは氷河期後期世代、ポスト氷河期世代とリーマン震災世代はその間にくる。

ただし、就業率に関してはおおむね5年目くらいで氷河期前期世代の水準には追い付く。これは、そもそも欧米と比較して、日本の30代男性の就業率は高いためだ。最も低い氷河期後期世代の高校卒でも90％近く、大学卒では95％を超えている。就業率が10

0%を超えることは定義上ありえないので、世代の差はそれほど大きくならない。

同じ要領で、人口に占める正規雇用者の割合をプロットしたのが図1－2である。バブル世代が一貫して他の世代より高いことと、卒業直後の水準が次に高いのは氷河期前期世代で、最も低いのは氷河期後期世代である点は就業率と同じだ。ただし、就業率以上に氷河期前期世代と後期世代の差が大きく、しかもポスト氷河期世代やリーマン震災世代は氷河期後期世代とほとんど差がない。また、就業率と比べて、氷河期後期以降の世代が氷河期前期世代に追いつくまでの時間も長く、高校卒に関しては15年後もまだ追いつけていない。

バブル世代と氷河期前期世代、氷河期前期世代と後期世代の間に明確な差があり、ポスト氷河期世代やリーマン震災世代が氷河期後期世代と前期世代の間の後期世代寄りにくるのは、表1－1で見た初職の正規雇用比率とも整合的である。図1－2から新たにわかるのは、この世代間の差が、卒業後かなりの年数持続するということだ。

なお、特に年長の世代で正規雇用比率が右下がりになっているのは、年齢を経るにつれて徐々に自営業者が増えていくためであり、非正規雇用が増加しているわけではない。卒業後1年目に自営業に就く割合は最も多いバブル世代で3・7%程度だが、卒業15年

図1-2　卒業後の正規雇用割合（人口比）の推移・男性

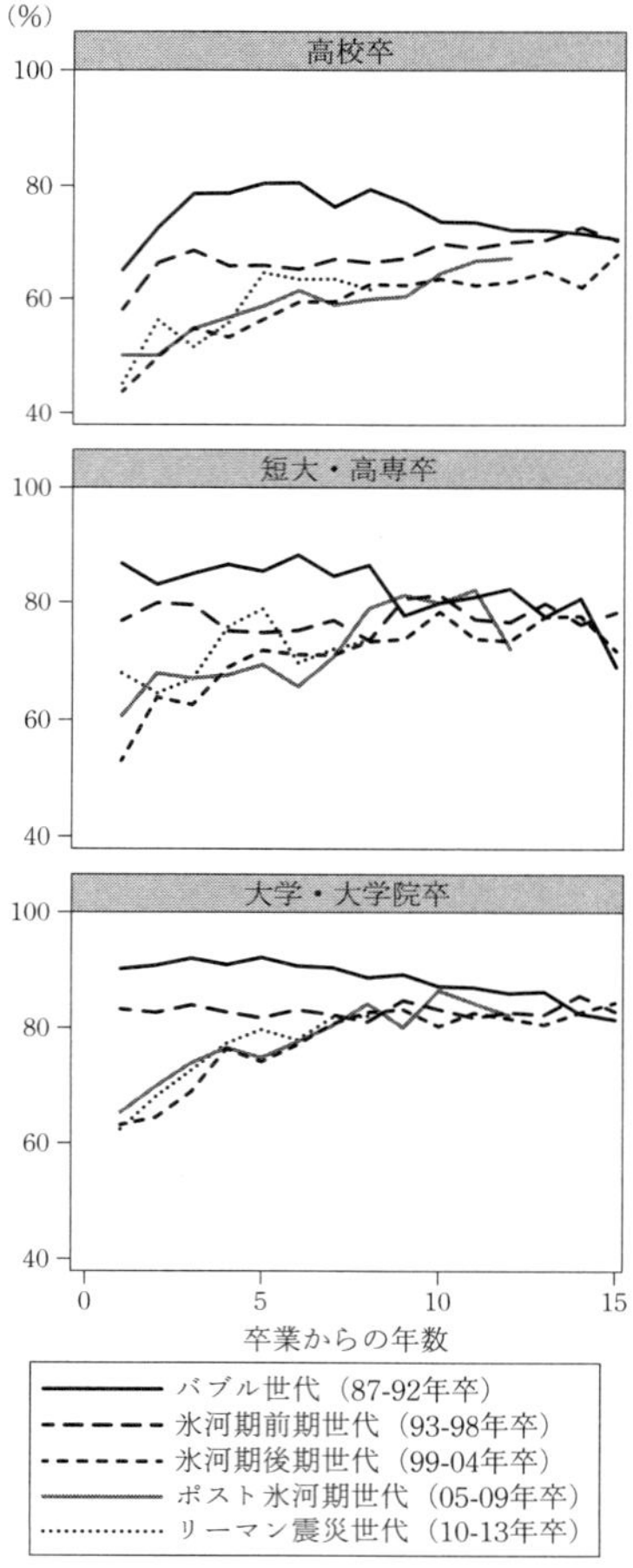

出所：労働力調査より筆者作成

目には13・7%にまで増加する。

年収の推移——世代間の差は縮まらない

図1―3は同じ要領で年収をプロットしたものだ。労働力調査からは、年収は50～100万円とか700～1000万円といった階級しかわからないため、各階級の中央の値を取り、2015年基準の消費者物価指数で実質化した。働いていなかったため年収がゼロの人は、ゼロとしてデータに含まれている。

就業率や正規雇用比率と同様に、年収も、バブル世代は他の世代よりも明らかに高い。次が氷河期前期世代で、氷河期後期世代になるとさらに下がる。一方で、氷河期後期世代とそれ以降の世代の間にはほとんど差がない。

年収が就業率や正規雇用比率と違うのは、卒業からの年数がたっても、必ずしも差が縮まっていかない点だ。高校卒の氷河期前期世代と後期世代の差や、大学・大学院卒のバブル世代と氷河期前期世代の差などは、むしろだんだん拡大していくように見える。

ちなみに、卒業15年後の段階で全学歴の平均値を比べると、バブル世代の平均年収は477万円なのに対し、氷河期後期世代は415万円と、62万円も差がついている。月

図1-3　卒業後の年収（実質値・万円）の推移・男性

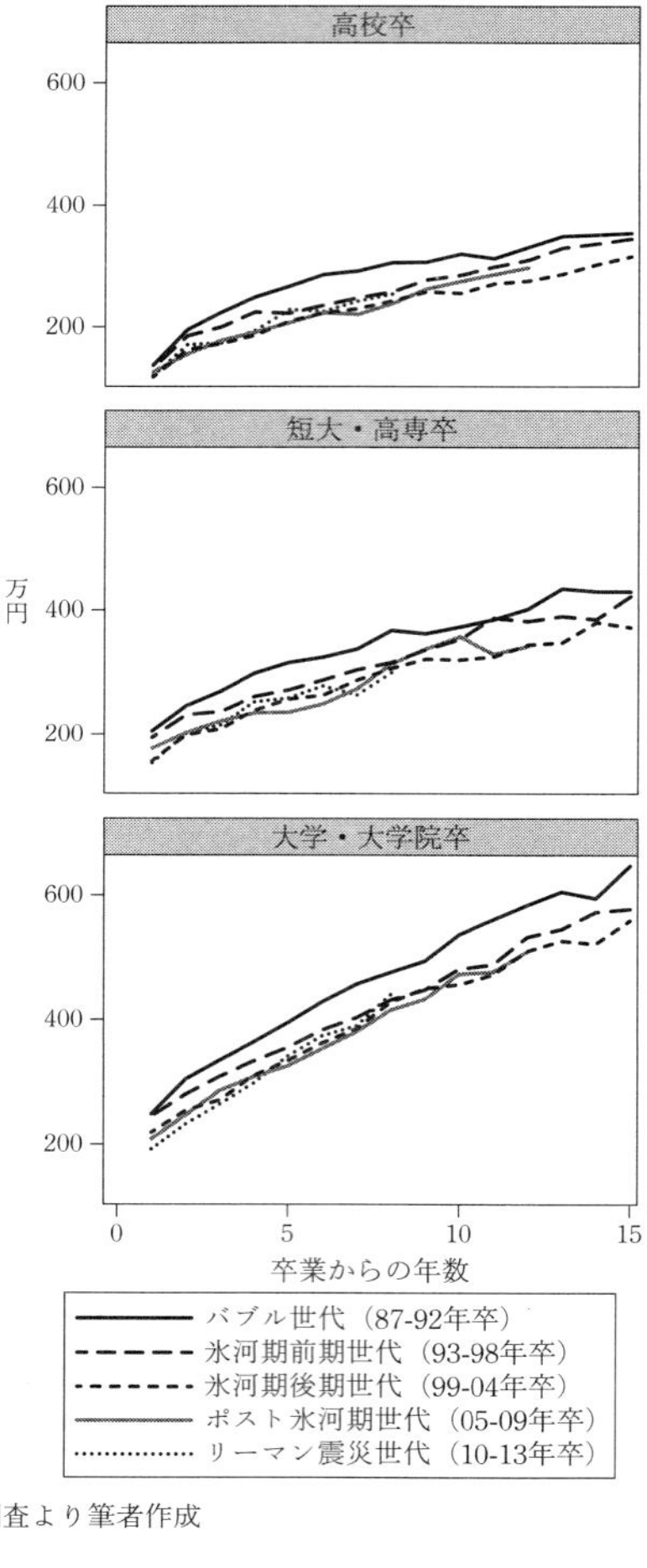

出所：労働力調査より筆者作成

あたりにして5万円、かなりの差である。一方、氷河期後期世代と、もっと若い世代の間の差は、データの取れる範囲ではおおむねプラスマイナス10万円の幅に収まっている。

年収の世代間格差の一部は、前述の就業率や正規雇用比率の格差によるものだ。就業していなければ年収はゼロになるし、正規雇用よりも非正規雇用のほうが、平均的な年収が低いからだ。しかし、卒業から10年以上たっても世代間の差が縮まらないのは年収だけであることから、正規雇用で働いている人たちの年収にも差がついていて、それが年齢とともにむしろ拡大していることが示唆される。第3章で改めて触れるが、フルタイム雇用者のみの別のデータを用いても、やはりバブル世代、氷河期前期世代、氷河期後期以降の世代、の順で年収が低くなり、卒業後の年数がたつにつれて世代間の差が広がっていく。

まとめると、年収についても、バブル世代と氷河期世代に差があるだけでなく、氷河期世代の中でも前期と後期で差がある。その反面、若年労働市場が逼迫《ひっぱく》したと言われている時期に卒業したポスト氷河期世代は、氷河期後期世代とあまり変わらず、氷河期前期世代よりも低い水準にとどまっている。また、就業率や正規雇用比率と異なり、年収の世代間格差は歳をとっても縮まらないという特徴がある。

就職活動時の景気は影響するか

ここまで、データを大きく5つの世代に分けて、卒業後の就業状態や年収の推移をプロットしたものを見てきた。ほぼすべての学歴階層と指標について、バブル世代が最も良く、次が氷河期前期世代で、氷河期後期世代で底を打つが、より若い世代と氷河期後期世代にはあまり差がない、というパターンが繰り返されてきた。

就職氷河期は、バブル景気の崩壊に始まる長期的な不況に起因する。では、こうした世代ごとの賃金や就業率の動向のうち、どの程度が、就職活動の年、すなわち卒業前年の景気によって説明できるのだろうか。

まずは卒業年ごとに、学校卒業後20年間の正規雇用比率や年収の平均値を計測して、卒業前年の失業率との関係を見てみよう。具体的には、まず、84年卒を基準年に設定する。次に、同じ年に卒業した同じ学歴の人たち（専門用語でコーホートという）の正規雇用比率と年収について、調査時点における年齢の違いによる差を調整する統計処理を行い、学校を卒業してからの20年間における、84年卒と比べた乖離《かいり》の平均値を計測する。

例えば、00年卒の大卒は84年卒に比べて、卒業後20年間の年収が平均して7％低い、と

図1-4　84年卒との差と学校卒業前年失業率の関係

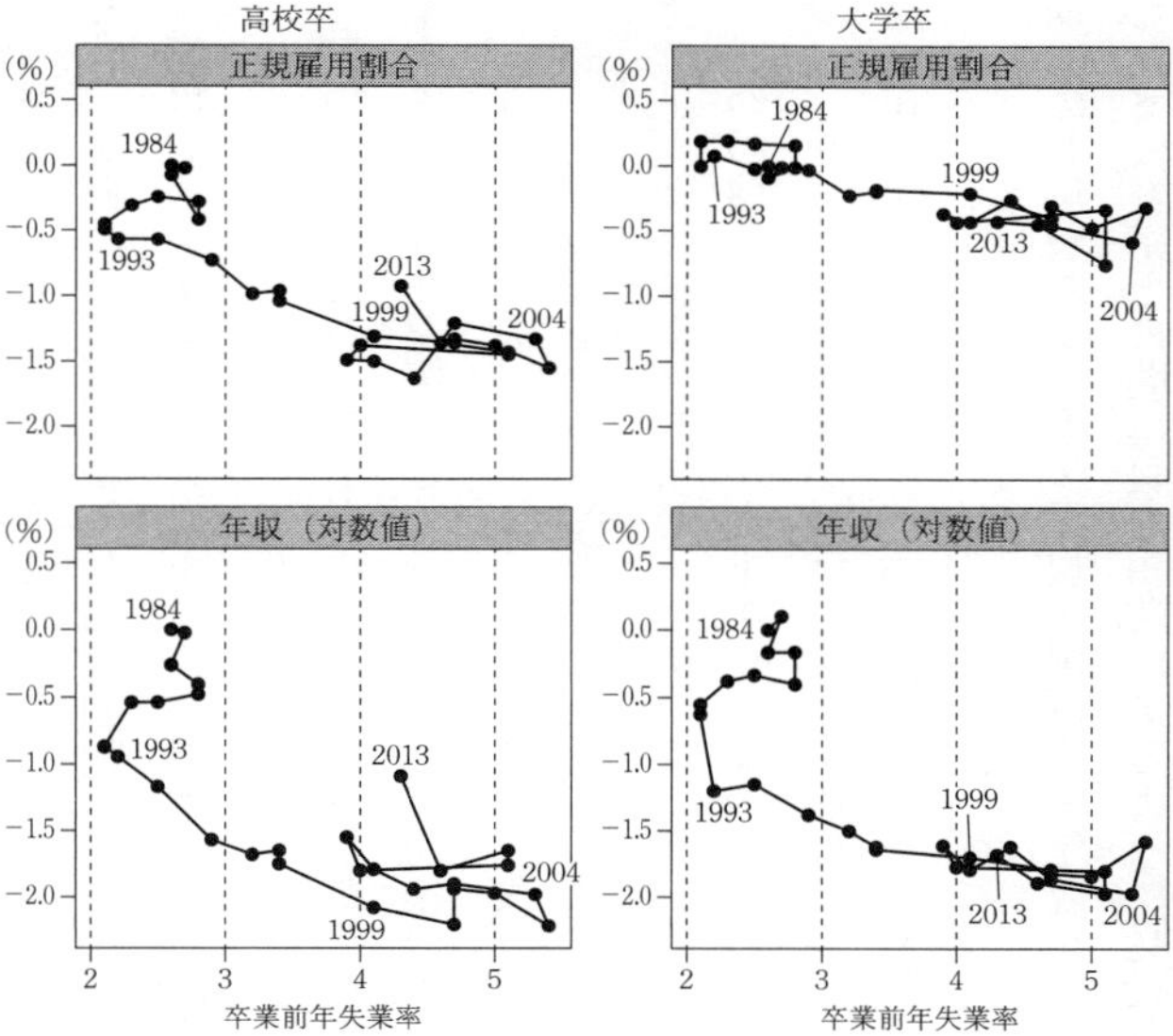

出所：労働力調査より筆者作成

いう具合に、それぞれのコーホートについて、正規雇用比率と年収の数字が一つずつ計算される（詳しくはKondo 2024を参照）。

こうして計測された、コーホートごとの正規雇用比率や年収の84年卒からの乖離を縦軸に、卒業前年の全国の失業率を横軸に取った散布図を、高校卒と大学卒それぞれに描いたのが図1－4だ。ここで散布図を描く目的は2つの指標の間の相関関係を見ることであり、より傾向をわかりやすくするために、連続する年を線でつないだ。起点である84年卒は左上の、縦軸の数値がゼロ、横軸の失業率は2・6％のところである。序章の図序－1で示したように、バブル期以前の失業率は3％以下の水準で推移し、90年代を通じて上昇し、2000年代は4～5％台で上下している。

一見すると、どのグラフもなんとなく右下がりになっている。すなわち、84年卒から13年卒までの全体を俯瞰《ふかん》してみると、卒業前年の失業率が高いほど、就業率や正規雇用割合、年収が低くなる傾向がある。したがって、ぱっと見た印象では、卒業前年の景気は、その世代の雇用や年収に影響を与えているように見える。

しかし、細かく見ていくと、どのグラフも両端付近にぐちゃぐちゃとした塊があり、その2つの塊をつなぐ線が右下がりになっているだけであるようにも見えてくる。左上の塊が、まだ失業率が低かったバブル以前の時期、右下の塊が、失業率が高止まりしていた2000年代にあたり、「2つの塊をつなぐ線」は、1993年から1999年にかけての氷河期前期にあたる。この時期に失業率がどんどん上がり続けていた一方で、長期的に若年層の就業率・正規雇用割合・年収が下がるようなトレンドが生じており、たまたま失業率との間に負の相関があるように見えるだけである可能性も、このグラフからは否定できない。

卒業前年の景気と、その後の雇用や年収への長期的な影響をより厳密に検証するには、もう少し複雑な統計モデルが必要になってくる。次項で詳しく説明するが、結論から言うと、卒業前年の失業率は、かつてはその後の雇用や年収へ長期にわたって影響していたが、その効果は氷河期以降の世代では弱まってきている。

若年期の不況の瑕疵効果

労働経済学では、若い時に何らかの悪いショックを受けたことの影響が、その後の雇用や賃金などに長く残ることを指して「瑕疵《かし》効果（Scarring effect）」と呼ぶ。文脈によっては個人の失業経験の影響を指すこともあるが、本書では、学校を卒業し社会に出るタイミングで不景気に遭ってしまったことの長期的な影響、という意味でこの言葉を用いる。なお、２０００年代までの日本語の文献では、同じ意味で「世代効果」という言葉が使われることが多かったが、全く違う意味を持つ英語のcohort effectと紛らわしいので、本書では「瑕疵効果」に統一する。

瑕疵効果はいくつかの原因が重なり合って発生する。まず、転職活動には時間や費用がかかるため、卒業後すぐにやむをえず就いた仕事からもっと良い仕事に移るのにも単純に時間がかかる。加えて、仕事を通じて得られる教育訓練の効果は、一般的に若いうちのほうが高く、卒業後すぐに豊富な訓練機会を与えてもらえる仕事に就けたか否かで、その後の生産性に大きな差が生じうる。20歳前半を、総合職の正社員として様々な業務をローテーションして過ごすのと、ひたすら同じ単純作業に従事して過ごすのとでは、30歳くらいになった時に大きな差がつくことは感覚的にもわかるだろう。さらに、十分な職務経験を積めていなければ転職活動でも不利になるため、最初についた差が固定化してしまう。

こうした万国共通の要因に加えて、国によって様々な制度的要因が絡んでくる。日本の場合は、新卒一括採用の慣行や、一つの会社に勤め続けることをよしとする社会規範などが、転職によってより良い条件の仕事に移ることを他の国以上に難しくし、瑕疵効果を強める要因となってきた。また、正規雇用と非正規雇用の市場が分断されており、いちど非正規雇用になるとなかなか正規雇用に移れないことも、卒業後すぐに正規雇用に就けなかった人が多い世代の正規雇用割合や年収を長期にわたって押し下げる要因になっている。

実は、日本では欧米に先駆けて、１９９０年代から、卒業前年の景気の長期的な影響についての実証分析が蓄積されてきた。卒業前年の景気が悪いと、その世代は長期的に賃金が低い状態が続き（大竹・猪木１９９７、玄田１９９７）、卒業後数年間の離職率が高くなる（太田１９９９、黒澤・玄田２００１）ことが20年以上前から研究者の間では知られていた。

２００８年秋のリーマンショックが当時の大学生の就職活動に深刻な影響を与えたことから、欧米でも瑕疵効果に対する関心が高まり、２０１０年代に入って多くの実証研究がなされるようになった。筆者の把握している限りでも、アメリカ、カナダ、韓国、スペイン、ベルギー、オーストリア、ノルウェー、オランダで、学校卒業時の不況は持続的な負の影響を持つことが確認されている。ただしアメリカやカナダは、研究者の層が厚いゆえに実証研究の数こそ多いが、推計された数値を見ると、日本や大陸ヨーロッパの国よりも瑕疵効果自体は弱い。

高学歴層と低学歴層のどちらに影響が強いか、賃金が下がるか雇用が減るのかは、国によって異なる。一般的には、低学歴層ほどその時その時の景気の影響を受けやすいため、過去の景気の影響がすぐにかき消されてしまいやすく、瑕疵効果は弱い。しかし、非正規雇用と正規雇用の差があるような国（日本、スペイン、オーストリアなど）では、卒業時点の景気が悪いせいで非正規雇用になってしまうとそこから抜け出せなくなるため、非正規雇用になりやすい低学歴層の瑕疵効果が強くなることがある。また、最低賃金が高かったり、組合が強くて賃金の下方硬直性が強い国では、低学歴層では雇用に影響が出やすく、就業率が高水準で安定している高学歴層の場合は賃金への影響が出やすい。すでに仕事のある人に対する雇用保護の強い国ほど、学校卒業時点の景気の影響が持続しやすいという研究もある（Kawaguchi & Murao 2014）。興味のある読者は、日本の研究については太田・玄田・近藤（２００７）を、欧米の研究についてはCockx（２０１６）などを参照されたい。

就職氷河期を境に瑕疵効果は弱まった

これまで、就職氷河期世代とその上の世代の間の格差は、卒業前年の不況による瑕疵効果によるものと解釈されてきた。しかし、日本における瑕疵効果の既存研究は、筆者自身がかかわったものを含めてすべて１９９０年代以前に卒業した世代のデータを用いており、就職氷河期世代やさらに若い世代について、学校卒業時の労働市場の需給状況が長期的な瑕疵効果を持つかは検証されてこなかった。

その一方で、2005年以降、日本全体の失業率はいったん下がるのに、その時期に卒業したポスト氷河期世代と氷河期後期世代にはあまり差がない。瑕疵効果を裏返せば、景気回復時に就職した世代は不況時に就職した世代よりも長期にわたって雇用が安定し収入が高くなるはずだが、そのようには見えない。

そこでKondo（2024）は、太田・玄田・近藤（2007）をリーマン震災世代まで含むデータに拡張し、1984年卒以降の世代を就職氷河期以前（84～04年卒）と就職氷河期以後（93～13年卒）に分けて、日本における卒業前年失業率の影響、すなわち瑕疵効果を推計した。具体的な手法としては、東北、関東などの地域別の失業率を用いて、卒業前年のその地域の失業率と全国の失業率の乖離が1％増えるとどのくらい就業率や非正規雇用割合などが変化するかを推計した。ちなみに84年卒が起点なのは、ここで用いる地域別の失業率をさかのぼれる最も古い年が1983年（84年卒の卒業前年）であるためだ。

この結果、就職氷河期以前の世代では統計的に有意に瑕疵効果が観測されたのに対して、同じ推計モデルで就職氷河期世代以降のみを含むデータを用いると、学校卒業時の失業率の効果がもはや統計的に有意でなく、瑕疵効果が弱まってきていることがわかった。例えば、高校卒男性のフルタイム雇用者では、氷河期以前の世代では、卒業前年の失業率が1％上がると卒業後7〜9年目の年収が2％、10〜12年目でも1・2％下がる。ところが、氷河期以降の世代では、卒業後3年目の時点ですでに統計的に有意な影響がなくなっている。

瑕疵効果が弱まった理由については、はっきりとしたエビデンスを得るには至っていないが、いわゆる「失われた10年（あるいは20年）」の間に日本的雇用慣行が弱まって、労働市場の流動性が高まったことが影響している可能性が示唆されている。

就職氷河期世代以降の世代の、年収や正規雇用割合の落ち込みは、卒業前年の失業率の上昇だけでは説明しきれない。さらに言えば、図1－4でも用いた卒業年ごとの学校卒業後20年間の平均値を見ていくと、バブル以前の世代でも、若い世代ほど大卒者以外の就業率や正規雇用割合が下がっていくという下方トレンドが生じており（詳しくはKondo 2024を参照）、ここにバブル崩壊後の長期不況による雇用の不安定化が重なって、就職氷河期世代問題として顕在化したと見るのが妥当だろう。

ポスト氷河期世代やリーマン震災世代の状況を見る限り、1990年代に始まった非正規雇用の増加や離職率の上昇は、景気が良くなったら元に戻るというような景気循環による変動ではなく、より構造的な変化であったように思われる。

〈第1章　まとめ〉

●就職氷河期世代、特に後期世代は、上の世代に比べて、卒業後長期にわたって雇用が不安定で年収が低く、年収の格差は卒業後15年たっても解消しない。
●氷河期世代よりも下の世代は、景気回復期の卒業した世代も含めて雇用が不安定で年収が低いままである。
●氷河期世代を境に、就職した年の景気の長期的な影響（瑕疵効果）が弱まった。

第2章　氷河期世代の家族形成

本章では、就職氷河期世代の家族形成、具体的には結婚や出産の動向を見ていく。前章までと異なり、男女両方のデータを用い、男女の違いも含めて考察していく。なお、平均初婚年齢が30歳前後であり、全出生数の4分の1以上で母親の年齢が35歳以上であることを鑑み、本章では本書執筆時点でまだ30代であるポスト氷河期（2005〜09年卒、おおむね1980年代後半生まれ）以降の世代については対象とせず、就職氷河期世代（おおむね1970〜86年生まれ）とそれより上の世代の比較を中心とする。

未婚化・少子化の原因は若年雇用の悪化か？

序章で触れたように、2000年代半ばごろから、就職氷河期世代の経済的な窮状が社会問題として取り上げられるようになってきた。この2000年代半ばごろに出版された書籍の多くが、就職氷河期が未婚化・少子化を加速させたと論じていた。ちょうどこのころ、合計特殊出生率（当該年の母親の年齢別の出生数を用いて、一人の女性が生涯に産む子供の数を推計したもの）が1・3を割り込み、少子高齢化の加速に危機感が持たれていたことも背景にあるだろう。雇用が不安定なせいで結婚できない若者が増え、結婚をしなければ子供も作らないので少子化が進行する、という議論だ。

しかし、就職氷河期の始まりよりも20年以上前の1970年代から2005年ごろまで、日本の出生率はほぼ一貫して下がりつづけており、その間20代・30代の未婚率も一貫して上がり続けている。未婚化や少子化の背景には様々な要因が考えられ、時代とともに変化した可能性はあるものの、少なくとも出生率低下の始まりは、就職氷河期が到来するはるか前にさかのぼる。

そもそも、1990年代末に若年の雇用状況の悪化が問題となる前は、もっぱら女性の社会進出が進んだことが少子化や未婚化の原因であるとする見方が強かった。労働市場において女性が活躍する機会が増え、結婚や出産によりその機会を逃すことのコストが上がったという理屈だ。この説に従えば、就職氷河期によって良質な雇用機会が減った結果、結婚や出産が増えてもおかしくはないはずだ。

それでも、若年雇用の悪化が未婚化や少子化を加速させている、という声は根強い。確かに、雇用が不安定だといつまでたっても結婚できないとか、経済的な余裕がなくて子供を育てることができないというのは、実感として理解できる気はする。また、20

００年代に出版されたルポルタージュを読むと、取材対象となった就職氷河期世代が「今の収入では結婚は考えられない」などと発言する場面にしばしば遭遇する。

実際、個人レベルで見ると、若年期に不安定な雇用状況にあった人のほうが、将来結婚をせず子供も持たない確率が高い。しかし、こうした個人レベルの差は同世代の中の格差であり、世代全体で見ると、必ずしも、若年期の雇用状況が悪かった世代ほど未婚率が高いわけでも、子供の数が少ないわけでもないのだ。

１人の女性が産む子供の数は下げ止まっていた

もうすこし正確に言おう。確かに就職氷河期世代の女性が産む子供の数の平均（平均出生児数）は、もっと上の、１９５０年代生まれや60年代生まれよりは小さい。しかし、平均出生児数の変化を見ると、氷河期世代よりも少し上の世代で著しく減少し、氷河期世代はむしろ出生率が下げ止まって安定してきたころにあたるのだ。

図２－１は、横軸に女性が生まれた年、縦軸にその年に生まれた女性が35歳あるいは40歳までに産む子供の数の平均値を示したものである。データの出所である人口動態統計は出生届を集計したものなので、母親の学歴や卒業年はわからないが、おおむね１９

図2-1　女性の生年別、35・40歳時点の平均出生児数

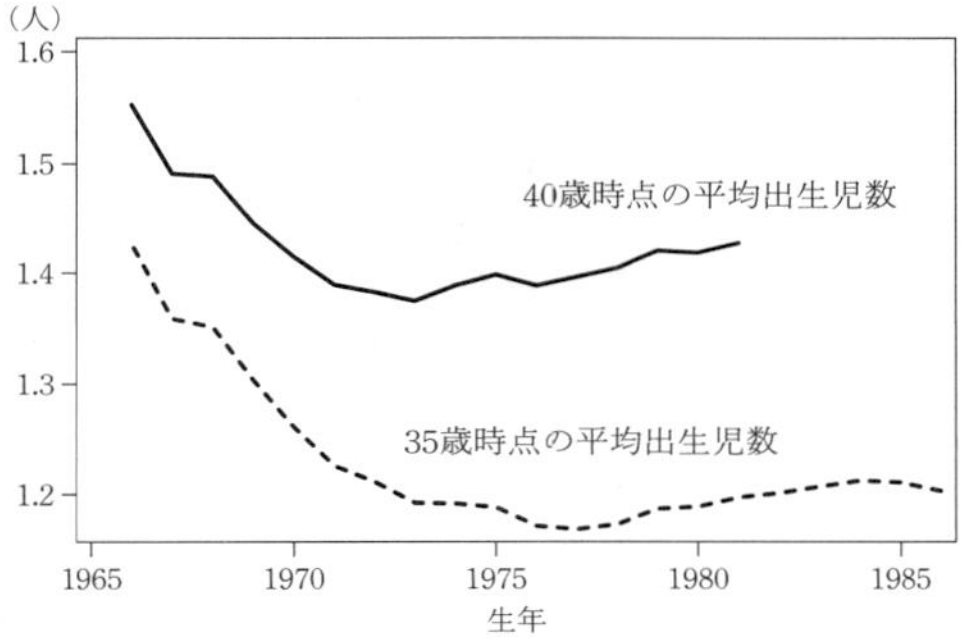

出所：1980-2021年の人口動態統計年報の母親の年齢（各歳）別出生数と国勢調査の各歳別人口より筆者作成。生年＝調査年－年齢で定義し、生年ごとに当該年齢までの出生数を足し合わせたものを、国勢調査の人口で割ったもの。1966年～81年生（40歳）・86年生（35歳）を集計。

７０～86年生まれが就職氷河期世代にあたる。これを見ると、40歳までに産む子供の数は、１９７０年生まれと79年生まれでほとんど差がなく横ばいである。70年生まれは、四年制大学卒ならギリギリ氷河期の入り口にかかるが高校卒や短大卒ならバブル景気の時に就職できていた世代。一方、79年生まれは短大卒以上であれば氷河期後期にあたる世代であり、学校卒業時の就職状況の厳しさにはかなり差がある。それにもかかわらず、一人の女性が40歳までに産む子供の数の平均は約１・４人でほぼ変わらない。

なお、35歳時点の出生児数が底を打つのは40歳時点の出生児数より少し遅く、70年

代後半生まれまでは下がり続けている。これは、70年代前半生まれと70年代後半生まれでは、最終的に産む子供の総数は変わらないが、若い世代のほうが産むタイミングが遅くなっていることを意味する。就職氷河期が未婚化・少子化を加速させたという論調が強まった2000年代半ばは、70年代前半生まれが30代半ばぐらいの時期にあたり、その時点では確かに、35歳時点の子供の数は減り続けていた。このことが、就職氷河期世代と少子化・未婚化を結びつける論調を補強してしまったのだろう。

しかし、70年代生まれは、30代後半になって子供を産み、40歳時点の出生児数は70年代前半生まれの世代が最も少なく、70年代後半生まれではわずかながら増加している。また、35歳時点の出生児数も、70年代後半生まれで底を打ち、80年代生まれでは若干増加傾向にある。

女性一人あたりの産む子供の数の急激な減少は、氷河期世代よりも上の、1960年代生まれで起きていた現象なのである。この世代が学校を卒業して社会に出たのは、日本経済が上向きだった1980年台後半であり、このことから若年期の雇用状況の悪化が少子化を招いたとは考えにくい。なお、同様の傾向は「SSM調査」という社会学の研究でよく利用される調査からも確認されている（橋本2020）。

これは推測にすぎないが、70年代後半から80年代生まれで平均出生児数が微増した背景には、育児休暇の普及や育児休業給付金の拡充、社会規範の変化などによって、出産後も女性が仕事を続けられるようになったことが大きいのではないか。第3章で詳述するが、若い世代ほど既婚女性の就業率や正規雇用比率は高い傾向がある。

また、図2－1の35歳時点と40歳時点の平均出生児数のグラフの間がどんどん開いているように、30代後半での出産数が増えている。36～40歳の間に産んだ子供の数の平均は、71年生まれでは0・16人だったのが、81年生まれでは0・23人に増えている。この30代後半の出産の増加には、体外受精などの高度生殖医療の普及が影響を与えている可能性がある。国による不妊治療の助成は2004年に始まり、段階的に拡充されて、その後2022年の保険適用に至った。こうした助成や医療技術の発達などもあり、高度生殖医療で生まれた子供の数は、2000年代以降、特に30代後半の出産で著しく増加した。71年生まれと81年生まれの間の、30代後半の出生児数の差の約7分の2が、高度生殖医療による出産数の増加である。

なお、一人の女性が産む子供の数が減らなくても、出産適齢期の女性人口が減れば生まれてくる子供の数は減る。1970年生まれの女性は約93万人いるのに対し、86年生まれは約67万人しかいないので、就職氷河期世代が出産適齢期のころも出生数自体は減り続けていた。しかしこれは、氷河期世代の親の世代が産む子供の数が減った結果であり、1990年代以降の若年労働市場の動向とは関係がない。

既婚率と子供の数の複雑な関係

人口動態統計の出産のデータからは、母親の年齢しかわからない。夫婦は必ずしも同年代とは限らないので、もしかすると就職氷河期世代の女性の産む子供の数は減っていなくても、氷河期世代の男性の間では家族を持たない人が増えているかもしれない。婚姻数のデータなら夫と妻両方の情報があるので、35歳や40歳までに結婚する確率（既婚率）について、同じように図示したのが図2−2の左側のグラフである。

不思議なことに、子供の数と違って女性も男性も既婚率は下がり続けている。男性のほうが初婚が遅いため、同じ年齢での既婚率自体は女性のほうが高いが、下がるペースはほぼ同じである。男女で差があるのかを確認するために作った図だが、既婚率と子供の数の動向の差のほうが目立つ。例えば1970年生まれと79年生まれの女性では、40歳までに産む子供の数は変わらないが、40歳時点の既婚率は5％近く下がっている。な

図2-2　男女の生年別既婚率推移

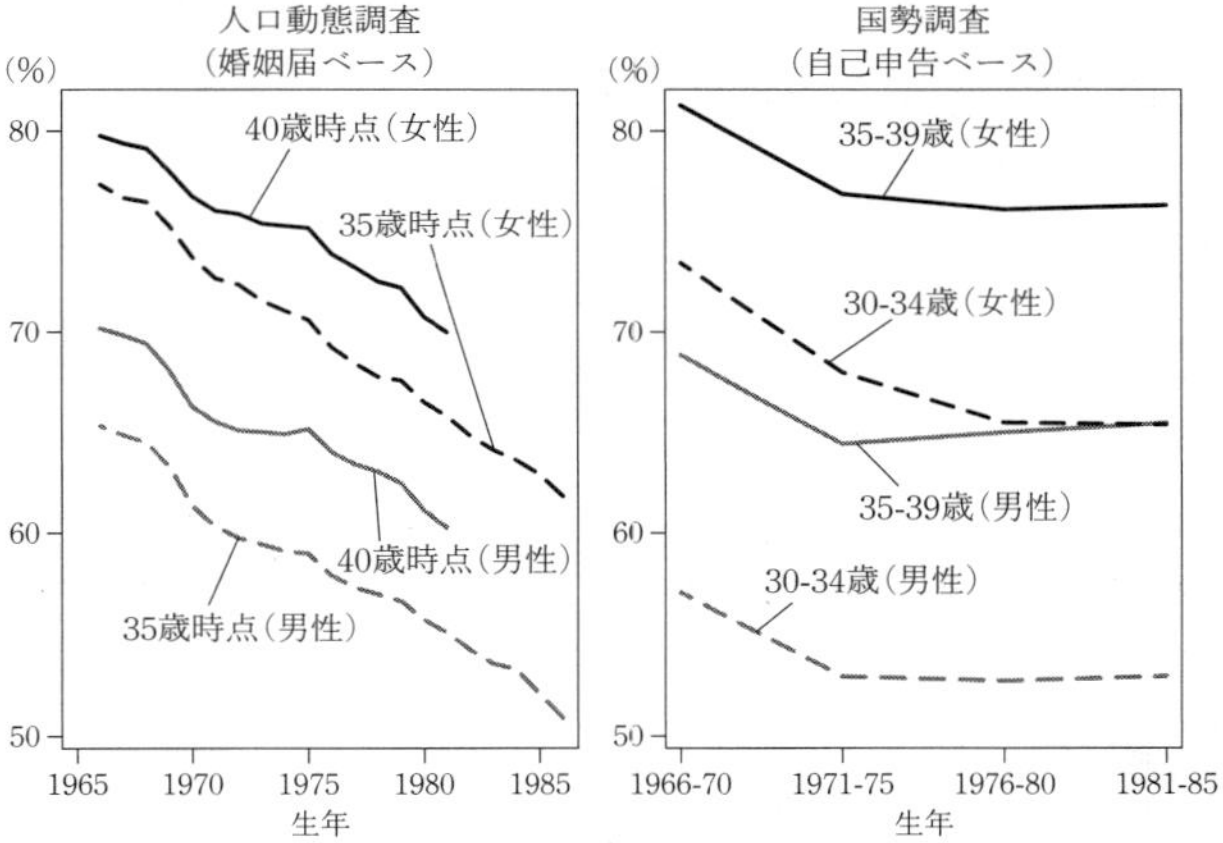

出所：
左側：1980-2019 年の人口動態統計年報の妻・夫の年齢（各歳）別、妻・夫が初婚の婚姻数と国勢調査の各歳別人口より筆者作成。生年＝調査年－年齢で定義し、生年ごとに当該年齢までの初婚数を足し合わせたものを、国勢調査の人口で割ったもの。1966 年～ 79 年生（40 歳）・84 年生（35 歳）を集計。
右側：1995-2020 年の国勢調査より、生年＝調査年－年齢で定義し、100%から性・年齢階層の未婚率を引いたもの、すなわち有配偶者＋離別者＋死別者の人口に占める比率。

お、ここでいう既婚率は、人口に占める一度でも結婚したことのある人の割合なので、離婚が増えても既婚率は下がらない。
　ところが、図２－２の右側に示したように、回答者の自己申告に基づく「国勢調査」（総務省統計局）の婚姻状況から計算した未婚率は、男女ともに70年代生まれ以降は下げ止まっている。つまり、婚姻届に基づく統計と自己申告に基づく統計で傾

表2-1　妻の生年・調査時点の年齢別　夫婦の平均子供数

		妻の年齢		
		31-35歳	36-40歳	41-45歳
妻の生年	1965～69年	データなし	1.87	1.89
	1970～74年	1.51	1.75	1.78
	1975～79年	1.41	1.75	1.92*
	1980～84年	1.48	1.85*	データなし

出所：第13～16回出生動向調査（国立社会保障人口問題研究所）
*　第16回は第15回以前と同じ表は公表されておらず、より細かい区分の統計表から筆者が計算した。また、第16回は年齢区分が35-39歳、40-44歳になっているため、1981～85年生の35-39歳と1976～1980年生の40-44歳時点の数値になっている。

向が異なるのだ。両者の違いはおそらく、婚姻届を出さない事実婚が国勢調査だけに計上されているためと考えられる。事実婚について信頼できる統計はないため、本当に事実婚が増えているのかは確認できていないが、夫婦の持つ子供の数の推移を見ても、両者の差は事実婚によるものと解釈しないとつじつまが合わない。

「国勢調査」同様、届出の有無にかかわらず回答者の自己申告で夫婦を定義している「出生動向調査」(国立社会保障人口問題研究所）に基づいて、結婚した夫婦の持つ子供の数を見たのが表2－1だ。妻の生年と調査時点の年齢別に、調査時点で結婚している夫婦の子供の数の平均値を示した。出生数全体の傾向と同様に、60年代後半生まれの女性よりは、70年代前半生まれの女性のほうが子供の数が少なく、

70年代後半生まれから30代後半以降の子供の数が下げ止まり、80年代前半生まれでは若干子供の数が増えている。事実婚も含めた既婚率が横ばいとなっている期間において、事実婚を含めた夫婦の子供の数が全体の出生数とほぼ平行に動いており、整合的だ。

ところで、婚姻届を出していない事実婚の夫婦の間に生まれた子供は、統計上は非嫡出子となるはずである。もし事実婚の夫婦が、法律婚の夫婦と同じように子供を持つならば、事実婚の増加に伴い非嫡出子も増えるはずだ。しかし実際には、非嫡出子は増加傾向にはあるものの、もともとの絶対数が少なすぎる。非嫡出子が全出生に占める割合は、2000年の1・6%から2019年の2・3%と増加傾向にあるが、そもそも全出生の0・7%程度の増加にすぎない。しかも、母親の年齢別に見てみると、母親の年齢が20代前半のところで非嫡出子割合が大きく増加し全体を押し上げているのであって、30歳以上の出産における非嫡出子の割合はむしろ減少傾向にある。おそらく事実婚の夫婦のほとんどは子供を持っていない。

同棲《どうせい》カップルが、妊娠出産を機に婚姻届を出す、というのはよく聞く話である。非嫡出子に対する偏見が依然として存在する以上、子供ができたことをきっかけに、あるいは子供を作ろうと思った時点で、事実婚から法律婚に移行するケースもあるだろう。その一方で、戸籍上の姓を変えたくないなどの理由で事実婚を選択することが社会的に認知されてきて、子供を作らないのであれば婚姻届を出す必要性が下がってきたのかもしれない。もし、事実婚も含む社会的な意味での夫婦のうち、子供を持とうと思わない夫婦が婚姻届を出さない傾向が強まっているとすれば、正式に婚姻届を出した夫婦が減っていても子供の数は減っていないことの説明はつく。

以上はあくまで推測にすぎず、外れているかもしれない。しかし、仮にこの推測が外れていたとしても、「人口動態統計」の婚姻届に基づく既婚率も、「国勢調査」に基づく既婚率も、男女の動向はほぼ同じなので、子供の数に関しても、男女でそれほど差はないと考えてよいだろう。

なお、表2－1の出所である「出生動向調査」は、独身者を対象として家族形成に対する意識の調査もしている。おおむね5年おきの調査なので、年齢階級別の集計を5年ずつずらして並べていくと世代ごとの動向が把握できる。これを見る限り、お金がないから結婚できないと答える割合も、独身者の理想子供数も、親との同居率も、就職氷河期世代の前後で特に増えも減りもしていない。夫婦調査で、「金銭的な理由で理想とする数より少ない子供しか持てない」と答える割合も増えてはいない。第1章で初職（最初に就いた仕事）の特徴を見るのに使った「社研パネル調査」では、調査時点で結婚している人も含めた全員に希望する子供の数を尋ねているが、こちらも世代の差はない。データを見る限り、「学校卒業時の景気が悪い世代ほど家族形成に消極的である」とは、必ずしもいえないのだ。

初職による格差

それでも、就職氷河期世代は雇用が不安定なせいで家庭を築けない、という通説は根強い。この背景には、雇用形態による結婚可能性や子供の数の、世代内での格差がある。個人レベルの比較では、初職が非正規雇用の場合、将来結婚する確率が低く、子供の数も少なくなる。特に男性でこの傾向は顕著である。

図2－3は、「社研パネル調査」を用いて初職の雇用形態別に、既婚率や子供の数の推移を男女それぞれ図示したものである。初職が非正規雇用の男性は、初職が正規雇用の男性に比べて一貫して既婚率が低い。子供の数も20代後半から差が出始め、その差は年齢とともに拡大していく。

「社研パネル調査」ではいくつかの調査年で希望する子供の数も訊いているが、これも

図2-3　初職の雇用形態別の既婚率と子供の数の推移

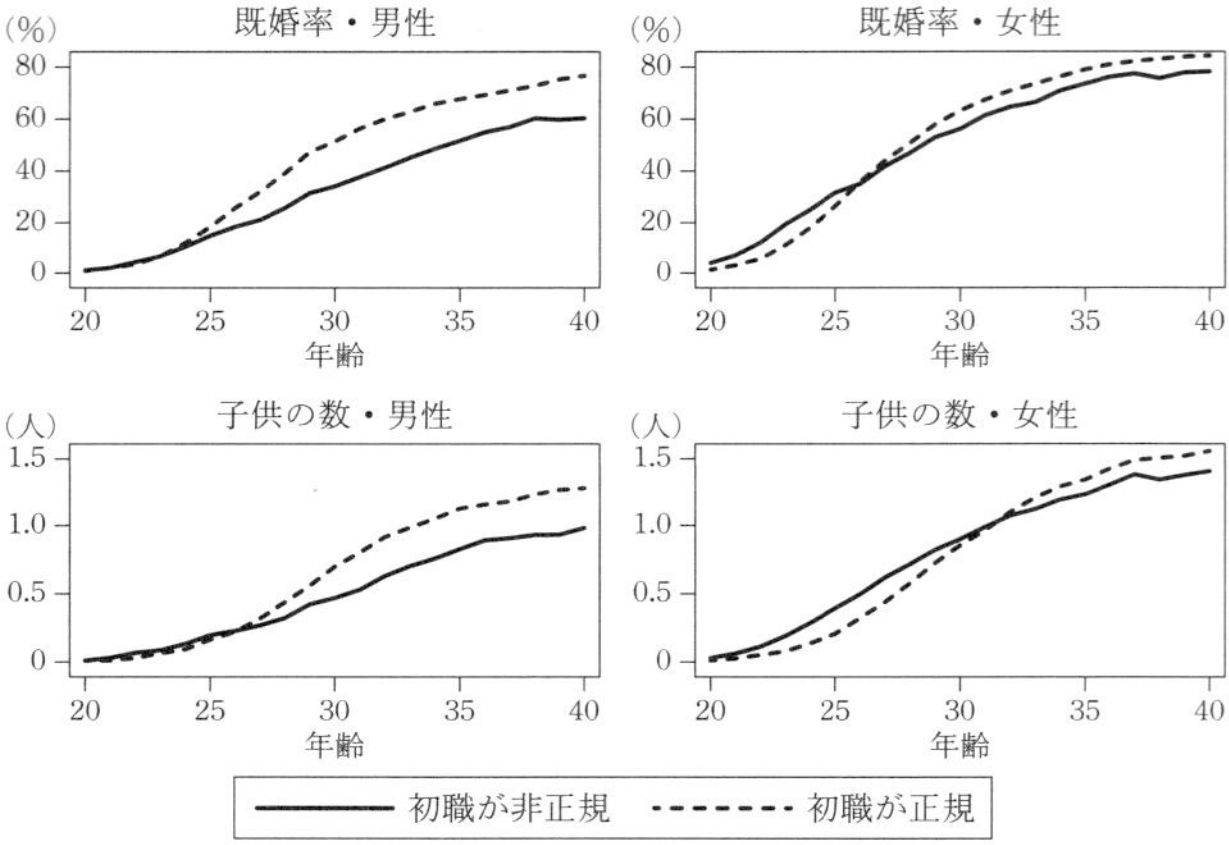

出所：社研パネル調査より筆者作成

初職が非正規の男性は、初職が正規雇用の男性に比べて少ない。「出生動向調査」の独身者調査では、初職ではなく調査時点の雇用形態と結婚意思や希望子供数の関係がわかるが、やはり非正規雇用のほうが正規雇用よりも結婚意思が弱く、希望する子供数が少ない。

女性の場合は男性と異なり、若いうちは初職が非正規のほうが既婚率や子供の数が多い。これはおそらく、若年妊娠の結果、就職する前に結婚・出産をする女性が一定数いるためだろう。それでも、既婚率は20代後半、子供の数は30代前半で逆転する。男性ほど大きな差は開かないものの、30代後半になると、初職が正規雇用の女性のほうが、結婚している確率は高く子供の数も多くなる。ただし、男性と異なり、希望する子供の数には初職の雇用形態で差はない。独身者の結婚意思や希望子供数も、男性に比べると雇用形態間の差は小さい。

同様の傾向は、就職氷河期世代よりも上の世代を中心としたデータを使った先行研究（酒井・樋口２００５など）でも確認されている。初職の雇用形態によって結婚確率に差が生じる理由としては、まず本人の収入や雇用の安定性が考えられる。いまだに約半数の女性が第一子出産前後で退職することや、男性が一家の大黒柱であるべきだという社会規範が残る現状を考えると、この影響は男性に対して特に強いと考えられる。関連して、男性は所得が高いほど子供の数が多いという研究結果もある（Ghaznavi et al. 2022）。

逆に、女性の場合は、出産退職によって失う所得が大きい正社員のほうが、結婚・出産に対して消極的になることも理論的にはありうる。ただし出産前後で就業継続できる確率も正社員のほうが高い（JILPT 2021）ので、出産そのものの機会費用（出産しなければ得られたであろう所得やその他の機会）はどちらが高いか自明ではない。さらに、収入や雇用の安定した結婚相手と出会える確率にも、雇用形態間で格差がある可能性がある。つまり、自分自身が正社員として働いているほうが、同じ職場に正社員の異性がいる可能性が高いかもしれない。非正規雇用や無職の女性のほうが交際相手がいる確率が低いという研究もある（Mogi et al. 2024）。結果的に、女性でも初職が正規雇用のほうが、30代までに結婚したり子供を産んだりする確率は高くなっており、就業継続可能性や出会いの機会の格差が影響していることが示唆される。

関連して、女性の学歴間の動向の違いもある。第3章では女性の働き方について分析するが、そこで用いるデータで30歳代後半以降の有配偶率（調査時点で配偶者がいる割合）や同じ世帯に住む未成年の数（子供の数の代理変数）を見ると、高校卒の女性ではどちらも下がる傾向が続いているのに対して、大学卒では横ばいかやや上昇する傾向にある。かつては大卒の女性は高卒の女性よりも結婚や出産をしない傾向があったのだが、ちょうど氷河期後期世代くらいで大卒と高卒が逆転しているのだ（Kondo 2024）。同様の傾向は他の調査に基づく研究でも確認されている（Ghaznavi et al. 2022 他）。

かつては学歴が高い女性ほど、結婚をせず子供を持たない傾向が高いとされていた。しかし、就職氷河期世代以降の若い世代では、むしろ大学卒のほうが30代後半までに結婚をして子供を持つ可能性が高くなっているのである。こうした学歴間の格差の出現も、経済的な理由で子供を持てないことが、少子化を招いているという印象を助長している

図2-4　世代内と世代間の格差の違い

若年期の景気が良かった世代	若年期の景気が悪かった世代
結婚したい女性＝正社員男性	結婚したい女性＝正社員男性
結婚したい女性＝正社員男性	結婚したい女性＝正社員男性
結婚したい女性＝正社員男性	結婚したい女性＝正社員男性
結婚したい女性＝正社員男性	結婚したい女性＝正社員男性
結婚したい女性＝正社員男性	結婚したい女性＝正社員男性
結婚したい女性＝正社員男性	結婚したい女性＝正社員男性
結婚したい女性＝正社員男性	結婚したい女性＝正社員男性
結婚したい女性＝正社員男性	結婚したい女性＝非正規男性
結婚しない女性　正社員男性	結婚しない女性　非正規男性
結婚しない女性　非正規男性	結婚しない女性　非正規男性
既婚率は80% 正社員男性の既婚割合は89%（8/9） 非正規男性の既婚割合は0%	既婚率は80% 正社員男性の既婚割合は100% 非正規男性の既婚割合は33%（1/3）

のかもしれない。

世代内格差を世代間に拡張する誤謬

このように、個人レベルで見ると、初職の雇用形態によって、既婚率や子供の数には明らかな差がある。しかし、初職が非正規雇用だった人が同世代の中で相対的に結婚したり子供をもうけたりしづらいからといって、初職に非正規雇用が多かった世代全体の家族形成も抑制されるとは限らない。

この点を図解したのが図2－4だ。話を単純にするために、女性の間の格差は無視して、10人いる女性のうち8人がいずれは結婚・出産したいと強く望んでおり、結婚相手となりうる男性も10人いるとしよう。この女性たちは、結婚相手として、収入や雇用が安定した男性を望んでいるので、初職が正規雇用だった男性から先に結婚していく。

しかし、もし初職が正規雇用だった男性が、結婚を望む女性の数より少なければ、初職が正規雇用だった男性とは結婚できない女性がでてくる。それでも、もし、この女性が一生結婚・出産しないよりは多少収入や雇用が不安定な相手とでも結婚したいと考えているならば、最終的には、初職が正規雇用だった割合にかかわらず、8割が結婚することになる。結果として、世代の中では初職が正規雇用だった男性のほうが結婚確率が高くなるが、世代全体の結婚確率は8割で変わらない、ということが起こりうる。

無論、現実はこんなに単純ではなく、必ずしも同世代同士で結婚するとは限らないし、良い相手がいれば結婚はしたいがいなければしない、という考え方の女性もいる。ここで言いたいのは、世代内で正規雇用と非正規雇用の間に明らかな格差があったとしても、その差をそのまま世代間の差に拡張できるわけではない、ということだ。

景気と出生率の短期的な関係

就職氷河期と少子化を結びつける通説のもう一つの原因と考えられるのが、景気と出

図２-５　都道府県別出生率と有効求人倍率の関係

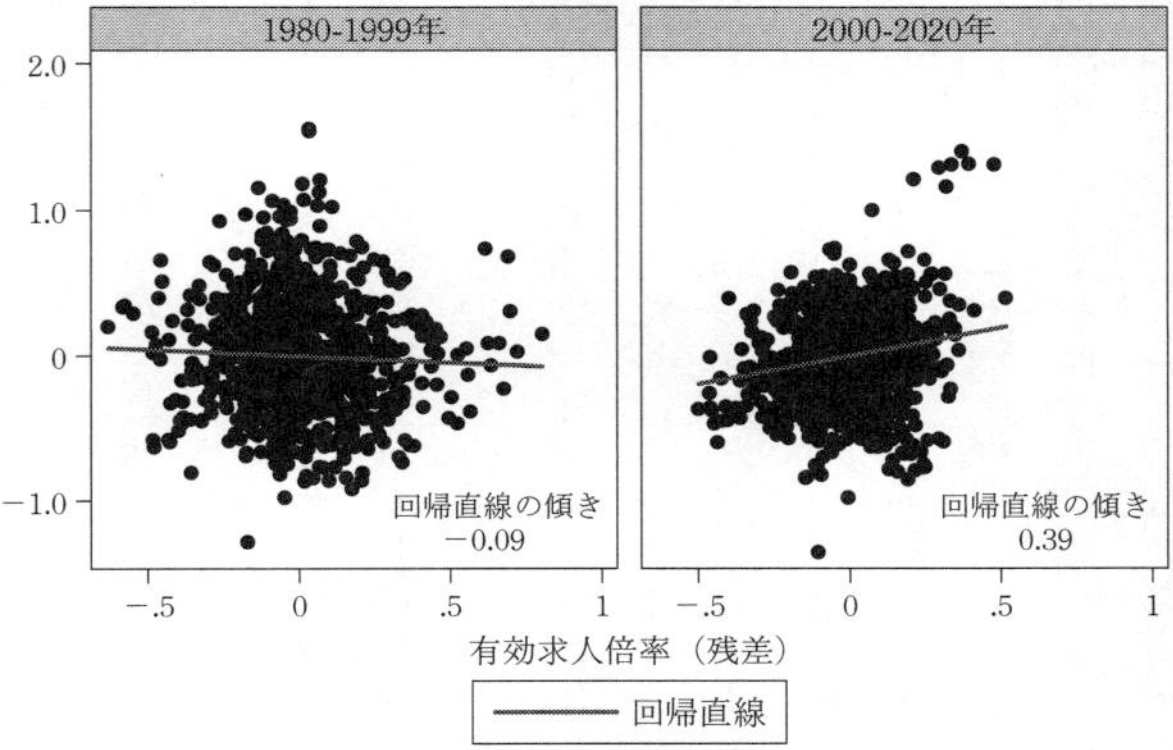

出所：都道府県別人口1000人あたり出生率（人口動態統計、厚生労働省）と都道府県別有効求人倍率年平均値（職業安定業務統計、厚生労働省）より筆者作成。

生率の短期的な関係だ。２０００年代以降、雇用状況が悪くなると翌年の出生率が下がるという、景気と出生率の間の正の相関が観察されるようになった。つまり現在の経済状況が厳しいと、今すぐに子供を作るのは控えようとする傾向があるということだ。

都道府県別の人口１０００人あたり出生率と、前年の有効求人倍率の関係を示したのが図２−５である。単純に全国の失業率と出生率の時系列グラフを比較してしまうと時系列のトレンドの一致（たまたま両方とも長期的に上昇傾向にあるなど）を拾ってしまう。また、都道府県別の一時点の数値を単純比較してしまうと都道府県固有の要因（文化的背景など）を拾ってしまう。このため、都道府県×年のデータから都道府県固定効果と年効果を取り除いた残差をプロットした。

専門的になるが、具体的には、都道府県別の出生率と有効求人倍率のそれぞれを、各都道府県を表すダミー変数と、各調査年を表すダミー変数で回帰し、都道府県や年のダミー変数で説明しきれなかった残差の部分を計算して、散布図を描いた。これにより、その年にその都道府県が、各年の全国平均及び各都道府県の全期間平均を使って予測できる値よりもどのくらい乖離していたかを示す指標を得ることができる。例えば、有効求人倍率の残差がマイナスの年に出生率の残差がマイナスなら、予測値よりも有効求人倍率が低くなった年に、出生率も予測値より低くなったと解釈する。前年の有効求人倍率を用いるのは、妊娠と出産のタイミングのずれを考慮したためである。

1980年から2019年までのデータを、前半と後半に分けてみた。1990年代までのデータを使うと、前年の有効求人倍率と出生率の間には統計的に有意な相関関係が見られない（回帰直線の傾きはゼロと統計的に有意には異ならない）。しかし、2000年以降のデータを使うと、出生率と前年の有効求人倍率の間には正の相関がある（回帰直線の傾きがプラス）、すなわち労働供給に対して労働需要が減ると、翌年の出生率が下がる。具体的には、有効求人倍率が0・1下がると、出生率は0・039下がる。

　1980〜90年代と2000年代以降で、景気と出生率の間の関係に変化が生じた理由を考えるためには、景気と出生率の関係を説明する経済理論の理解が必要になる。経済理論上は、景気が良くなると、世帯収入を増加させて出産を増やす効果（所得効果）と、女性にとって出産しなければ稼ぐことができるはずの賃金を上げて出産を減らす効果（代替効果）の、逆方向の効果が同時に現れる。したがって、このどちらが強いかによって、景気と出生率の相関関係は正にも負にもなりうる。

　所得効果と代替効果のうち、代替効果の大きさは、女性の社会進出の度合いによって異なる。男女間の収入格差が非常に大きく、「出産しなければ稼ぐことができるはずの賃金」の水準自体が低い場合には、所得効果が代替効果を上回り、景気と出生率には正の相関が生じることが多い。もう少し女性の社会進出が進んで、独身女性の収入がある程度上がったが、出産後も就業を継続できる可能性は高くない、という状況だと、出産により失う収入が大きくなり、代替効果が強くなって、景気と出生率の関係は負に転じる。そこからさらに進んで、共働きが当たり前の社会になり、出産後も就業を継続できる可能性が高まってくると、再び代替効果は弱まって景気と出生率の関係は正の相関となる。

1980〜90年代の日本は、学生を除く20代の独身女性の多くがフルタイムで就業し、相応の収入を得ていた。その一方、育児休暇が取れない会社もまだ多く、育児休業給付金（1995年創設）などの制度も整備されておらず、女性は仕事より育児を優先すべしという社会規範もまだまだ強かったため、出産後も就業を継続できる割合は少なかった。「出生動向調査」によれば、1980年代後半には、約8割の女性が結婚か第一子出産を機に退職している。ちょうど、代替効果が強まる段階にあったのではないだろうか。

その後、1995年の育児休業法の改正と育児休業給付金の設立以来、育児休暇が普及し、2000年代に入ると出産後も就業継続できる女性が増えてきた。同じく「出生動向調査」によれば、2010年代には約4割の女性が第一子出産後も就業を継続している。1980年代後半の倍に増えたのだ。それと同時に、男女問わず若年層の雇用状況が悪化し、相対的に代替効果が弱まり、世帯収入の変動による所得効果の重要性が増したと考えられる。

若年期の景気の長期的影響はさらに複雑

このように、２０００年代以降に限れば、短期的には雇用状況の悪化は、世帯所得の減少による所得効果を通じて出生率を低下させてきた。その背後には、女性の雇用機会が減ることで子育ての時間的なコストが下がり出生率が上がる代替効果と、世帯所得が減少することで子育ての金銭的コストが負担になり出生率が下がる所得効果という相反する２つの効果があり、２０００年代以降は後者が上回っていたと考えられる。しかし、学校を卒業した時の景気の長期的な影響となると、話はさらに複雑になる。

前年の有効求人倍率と出生率の関係を見る場合は、その時点の出生率が上がったか下がったかだけ見ればよかった。しかし、ある世代にとっての卒業時の景気の長期的な影響を見るには、その世代を卒業直後から長期間にわたり追跡して、最終的に産む子供の数や既婚率だけでなく、出産や結婚のタイミングの変化も見ていかなければならない。例えば、不況の時に卒業した世代はそうでない世代に比べて、30歳時点での子供の数が少なかったとしよう。この世代を40歳まで追跡すると、30代に入ってから出産が増えて40歳ごろには差がなくなっているかもしれないし、そのままずっと子供の数が少ないままかもしれない。

特に、女性の妊孕性《にんようせい》（妊娠できる可能性）は30代後半から40代半ばにかけて急激に下がっていくので、30代半ばまでは出産を先送りにしていた世代が、タイムリミットを目前にして駆け込み出産する可能性は大いにある。実際、図2－1から読み取れるように、1970年代半ば生まれは35歳時点での子供の数は上の世代より少ないが、40歳時点ではほぼ追いついている。

こうしたダイナミックな変化に加えて、その時点ごとの景気の短期的な影響まで考慮しなければならないため、学校卒業時の景気とその世代の婚姻や出産の関係を実証するのはかなり難しい。少なくとも日本においては、結婚歴や出産歴を長期間にわたって追跡できて、学歴などの情報もあり、なおかつ幅広い世代にわたって十分なサンプルサイズを持つデータは、筆者の知る限り存在しない。「社研パネル調査」のように大学などが実施した小規模なパネルデータは、ダイナミックな要素を考慮した複雑なモデルを推計するにはサンプルサイズが小さすぎる。

実は筆者は、もっと上の世代、1950年代半ばから1970年代前半生まれの女性について、「就業構造基本調査」を用いて、同居している子供の年齢から出産歴を復元し、学校卒業時の失業率の影響を推計したことがある（Hashimoto and Kondo 2012）。18

歳以下の子供の大多数は母親と同居しているので、18年前までの出産歴はこの方法でほぼ復元できる。したがって、（法律上は16歳から結婚可能だが、母親が16～17歳の出産数は無視できるほど少ないため）18歳で産んだ子供が18歳になる、つまり分析対象の女性が36歳になる年まで追跡できる。その論文では、学校卒業時の失業率が上がると、短大卒以上（この世代では大学卒より短大卒のほうが多い）の女性の結婚や出産は増え、高校卒の女性は逆に減り、全体で見ると相殺されて統計的に有意な影響がないという結論だった。

ただし、子供が18歳になると相当数が親元を離れてしまうため、30代後半以降の女性は、子供がいないのか子供が独立してしまったのか区別できず、分析対象にできない。今回、就職氷河期世代を含むデータで同じことを試みたのだが、50～60年代生まれに比べると出産年齢がかなり上がってしまい、30代後半まで追跡できないようでは意味のある分析はできないと断念した（一応、Hashimoto and Kondo 2012と同じモデルを推計した結果、学校を卒業した年の失業率が統計的に有意な影響を持たないことは確認した）。

欧米では、学校卒業時の景気が家族形成に与える影響を分析した研究はいくつかある。しかし、国や時代によって結果はまちまちであり、不況期に大学を出た女性は結婚や出産が早いという論文（Hofmann and Hohmeyer 2016, Maclean et al. 2016）もあれば、20代前半に不況を経験した世代は一生のうちで産む子供の数が少なくなる（Currie and Schwandt 2014）という論文もある。そもそも経済社会情勢によって前述の代替効果と所得効果の相対的な大きさが違うことが予想されるので、国や時代によって結果が異なることは不思議ではない。

このように、学校卒業時の景気が家族形成に及ぼす影響は理論的にも複雑で、実証するのも容易ではない。だがとりあえず、図2－1のような時系列の推移で見る限り、日本における学校卒業時の景気とその世代の家族形成の間にわかりやすい関係性はなく、就職氷河期世代から少子化がより加速したといえるエビデンスはない。

少子化・高齢化対策の方向を見誤る危険性

「就職氷河期世代は家族形成期に入っても経済的に安定せず子供を持てない」という通説は非常に根強いため、本章の内容は少なからぬ反発を受けることを覚悟して書いた。第2次ベビーブーマー（団塊ジュニア世代、1970年代前半生まれ）と氷河期前期世代が重なっていることもあって、就職氷河期世代で不安定雇用が増えたことが、第3次ベ

図2-6　出生数・合計特殊出生率の推移

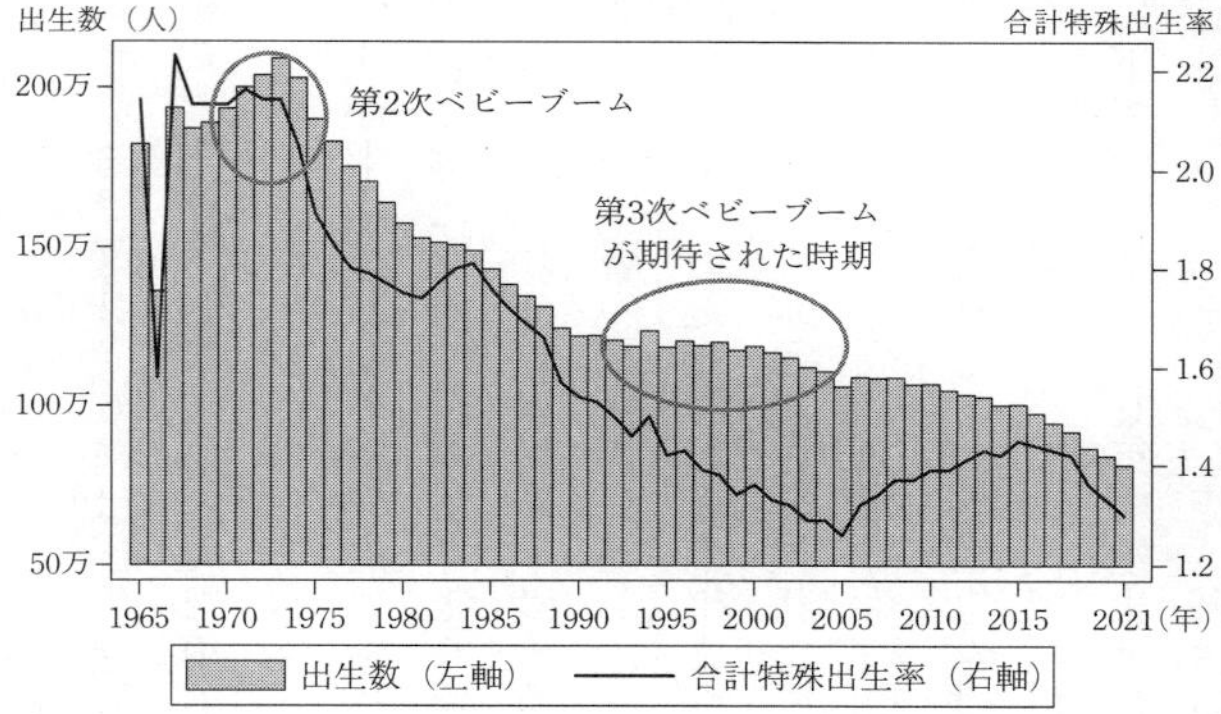

出所：人口動態統計

ビーブームが起こらなかった元凶であるかのように語られることが多い。

図2－6に示したように、確かに第3次ベビーブームと呼べるほどの出生数の増加は起こらなかった。図2－1からも、第2次ベビーブーマーにあたる1970年代前半生まれは、前後の世代と比べて40歳までに産む子供の数が最も少なかったことが確認できる。第2次ベビーブーマーがあまり子供を作らなかったために第3次ベビーブームが起こらなかったこと自体は事実である。

しかし、第1章で詳述したように、それより若い世代、本書の区分では氷河期後期世代（99～04年卒、70年代後半から80年代前半生まれに相当）のほうが、より一層雇用が不安定で収入も低い。それにもかかわらず、この世代の女性は第2次ベビーブーマーよりも多く子供を産んでいる。図2－6には出生児数だけでなく合計特殊出生率も図示したが、氷河期後期世代が出産適齢期であった2000年代後半から2010年代前半にかけて、ゆるやかながら合計特殊出生率は増加している。図2－1からも、80年前後に生まれた女性は70年代前半生まれよりも40歳までに産む子供の数が多いことが確認できる。

そして気になるのが、2010年代後半になって再び合計特殊出生率が低下し始めている点だ。2010年代後半は、若年人口の減少がいよいよ顕在化し、景気の回復傾向もあって若年層の雇用状況はかなり改善されていた時期である。また、このころ出産適齢期を迎えていた80年代後半生まれはおおむねポスト氷河期世代にあたり、学校卒業時点での状況も、氷河期後期世代とほぼ同じか、大卒に限ってはやや改善していたはずである。さらに、国立社会保障人口問題研究所の集計によれば、2010年代後半に20代後半だった90年生まれは、85年生まれに比べて20代での出産数が明らかに少ない。氷河期世代よりももっと下の世代で、再び少子化が加速している懸念があるのだ。

足下では、2020年に始まった新型コロナウイルス感染症と感染対策のための行動制限によって、そもそも若い男女が出会う機会が失われていたことや、医療へのアクセスの不安から妊娠を控えるといった短期的な影響もあり、婚姻数や出生数の減少が一時的に加速している可能性もある。しかし、出生率の低下はコロナ禍の前から始まっており、行動制限がほぼなくなった２０２３年も回復しなかった。

２０１０年代後半に出生率が低下した原因ははっきりとはわからないが、保育園不足による待機児童問題や都市部のマンション価格の高騰、高齢化の進行に伴う将来への不安など、考えられる要因はいくつかある。むしろ、70年代後半から80年代前半生まれの世代が、若年期の雇用状況がとりわけ厳しかったにもかかわらず出生率を改善させていたのはなぜか、そこに少子化対策のヒントがあるのではないか。就職氷河期と少子化を結びつける言説は、単にエビデンスに基づいていないだけでなく、こうした発想の転換の邪魔になるのではないかと筆者は危惧している。

〈第２章　まとめ〉

●氷河期後期世代にあたる１９７０年代後半〜80年代前半生まれは、そのすぐ上の団塊ジュニア世代よりも、40歳までに産む子供の数は実は多かった。

●個人レベルで見ると若年期の雇用が不安定だと、男性だけでなく女性でも、結婚確率や子供の数は減る。

●しかし世代全体で見ると、ある世代の子供の数とその世代の経験した新卒労働市場の状況にははっきりした相関関係はなく、景気と出生率の短期的な関係も時代や国によって変化する。

第3章　女性の働き方はどう変わったか

本章では、就職氷河期世代の女性の働き方や収入を、前後の世代と比較する。第1章では、男性のデータを用いて、就職氷河期世代とバブル世代の間に大きな格差があることと、特に氷河期後期世代は卒業後も長期にわたって収入が低く雇用が不安定な傾向にあることを示した。また、男性の場合はポスト氷河期世代と氷河期前期世代に差はないか、むしろポスト氷河期世代のほうがより不安定な雇用状況にある可能性すらあった。

男性に比べて、女性の働き方は家庭の状況に左右されやすい。第2章で見たように、晩婚化・晩産化自体は男女ともに進行しているが、晩婚化・晩産化が雇用や収入に与える影響は女性のほうがはるかに大きいと予想される。また、短期大学が四年制大学に置き換わった影響で、高学歴化も女性のほうがより急速に進んでいる。この2点に留意しながら、男女の動向の違いを見ていこう。

就職氷河期のインパクトの男女差

まずは、就職氷河期そのもののインパクトに男女で差があったのかを見てみよう。図

図3-1　男女・世代別　初職が正規雇用だった割合（学歴計）

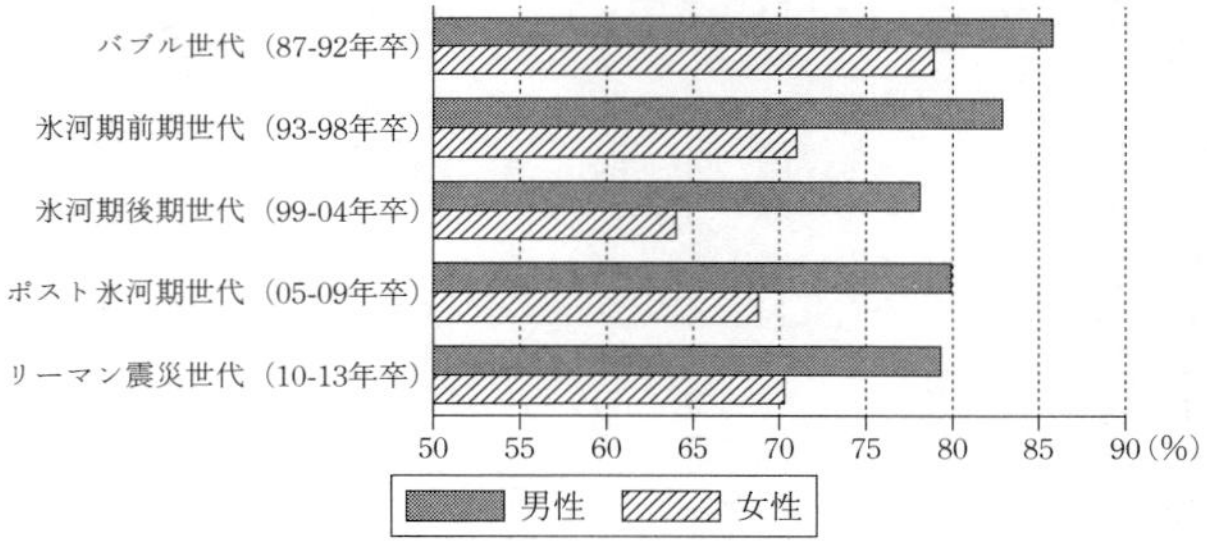

出所：就業構造基本調査より筆者作成

3－1に、男女・世代別に初職が正社員だった割合を図示した。まず、女性のほうが男性よりも常に正規雇用の比率が低いことが目につく。バブル世代、氷河期前期世代、氷河期後期世代と正規雇用比率が下がっていくのは男女で共通だが、バブル世代に比べて氷河期前期世代、後期世代と男女の差が拡がっていく。

学歴別の集計は割愛するが、どの学歴でも男性よりも女性のほうが、初職が正規雇用である比率は低いこと、バブル世代よりも氷河期世代のほうが男女差が大きいことは変わらない。就職氷河期の新卒時点でのインパクトは、女性のほうがより大きかったと言えるだろう。

就職氷河期による落ち込みが大きかった分、就職氷河期からポスト氷河期にかけては、女性の初職の正規雇用比率の回復ペースが男性を上回っている。これも、すべての学歴で同じ傾向である。続くリーマン震災世代では、男性では初職が正規雇用である割合が下がったが、女性ではやや増えており、男女の差はさらに縮まっている。

なお、この時期は女性の高学歴化が相対的に進展した時期でもある。この点について少し詳しく触れておこう。生まれた年ごとに学歴の分布を見てみると、男女ともに高卒が減り大卒が増える傾向があるが、大卒の増えるペースは女性のほうが男性をはるかに上回っている。図3－1の作成に用いた「就業構造基本調査」を用いて具体的な数値を見てみよう。ぎりぎり氷河期の入り口にかかる70年生まれでは、男性の36％が四年制大学・大学院卒だが、女性では17％しかいない。これが、おおむねポスト氷河期世代にあたる85年生まれになると、男性は44％、女性は33％が四年制大学・大学院卒になる。数値自体は依然として女性のほうが低いものの、15年間で男性は8％ポイント増であるのに対し女性は16％ポイント増、ほぼ2倍になっている。

ちなみに高校卒業後、大学や短大などに進学しない割合は、男女ともに70年生まれでは40％程度だったのが、85年生まれでは27％程度に下がった。同じ時期に女性の短大卒割合は10％ポイントほど減っており、女性の高学歴化の進展には女子の進学先が短期大学から四年制大学に置き換わった影響が大きいと考えられる。本章でも学歴別の集計をしばしば行うが、バブル世代や氷河期前期世代であれば短期大学に行っていた層が、より若い世代では四年制大学に行くようになった点は常に留意する必要がある。

話を初職の正規雇用比率に戻すと、一般的に学歴が高いほど正規雇用の職に就きやすい。したがって、バブル世代からリーマン震災世代まで一貫して女性のほうが高学歴化のスピードが速かったことは、この時期の初職の正規雇用率の男女差に縮小トレンドをもたらしていたはずだ。つまり、就職氷河期のインパクトを軽減し、その後の回復を後押ししていたということである。逆に言えば、女性のほうが相対的に高学歴化が進んでいたにもかかわらず、その影響を打ち消すくらい、女性にとって就職氷河期の短期的な影響がより大きかったということでもある。

なお、初職の企業規模や業種、初職を3年以内に離職した割合について、第1章で用いたのと同じ「社研パネル調査」で見てみると、企業規模と3年以内の離職については男性同様、就職氷河期世代は大企業に就職できる割合が小さく、3年以内に離職する割合が大きい。業種の特徴は男性と異なり、もともと製造業の比率は男性ほど高くないが氷河期でも男性ほど顕著には減らず、代わりに金融保険業が大きく減っている。また、専門学校卒や短大・高専卒で医療福祉サービスが大きく増えているという特徴がある。

就業率・正規雇用比率の世代差は数年で解消

卒業後すぐに正規雇用の職に就けたか否か、という意味での就職氷河期のインパクトは、女性のほうがより深刻であった。では、その後の就業状態や収入の推移はどうだろうか。図3－2から図3－4は、第1章の図1－1から図1－3と同じものを女性のデータで作ったものだ。比べると男女の傾向の違いが明らかになる。

図3－2は就業率の推移だ。男性と異なり、女性は卒業後年数がたつほど就業率が下がっていく傾向がある。そして、卒業直後こそバブル世代がいちばん高く氷河期後期世代がいちばん低くなっているが、卒業後5年もすると差はなくなり、その後は若い世代ほど就業率が高くなる。上の世代ほど結婚や出産で退職する女性が多かったためだろう。あとで詳しく見るが、晩婚化・晩産化の影響だけでなく、既婚女性の就業率も上昇した。最も年長のバブル世代だけが他の世代よりも就業率が高いまま推移していた男性（図1－1）とは対照的である。

図3－3は人口に占める正規雇用割合の推移だ。就業率に比べると、卒業直後の差が大きい分、世代間の差が長く続くが、最も世代間の差が大きい高校卒でも、卒業後10年

図３-２　卒業後の就業率の推移・女性

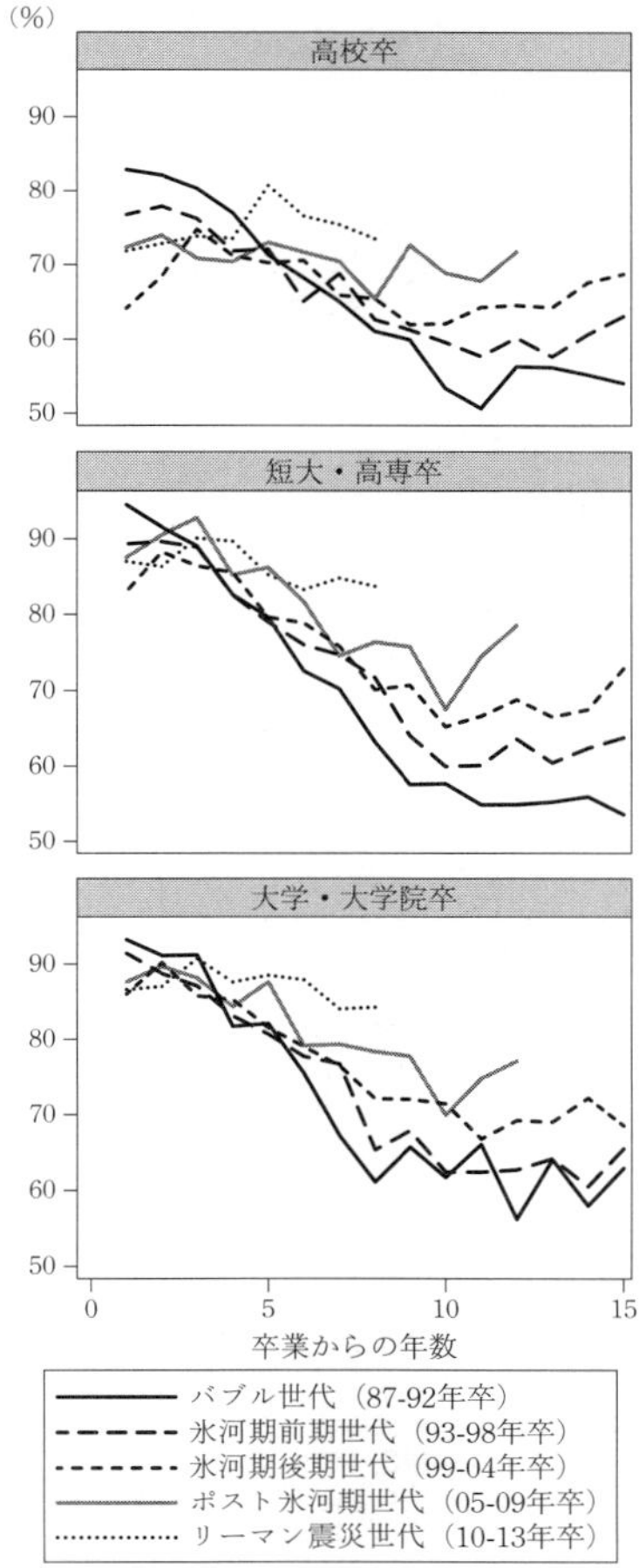

出所　労働力調査より筆者作成

図3-3　卒業後の正規雇用割合（人口比）の推移・女性

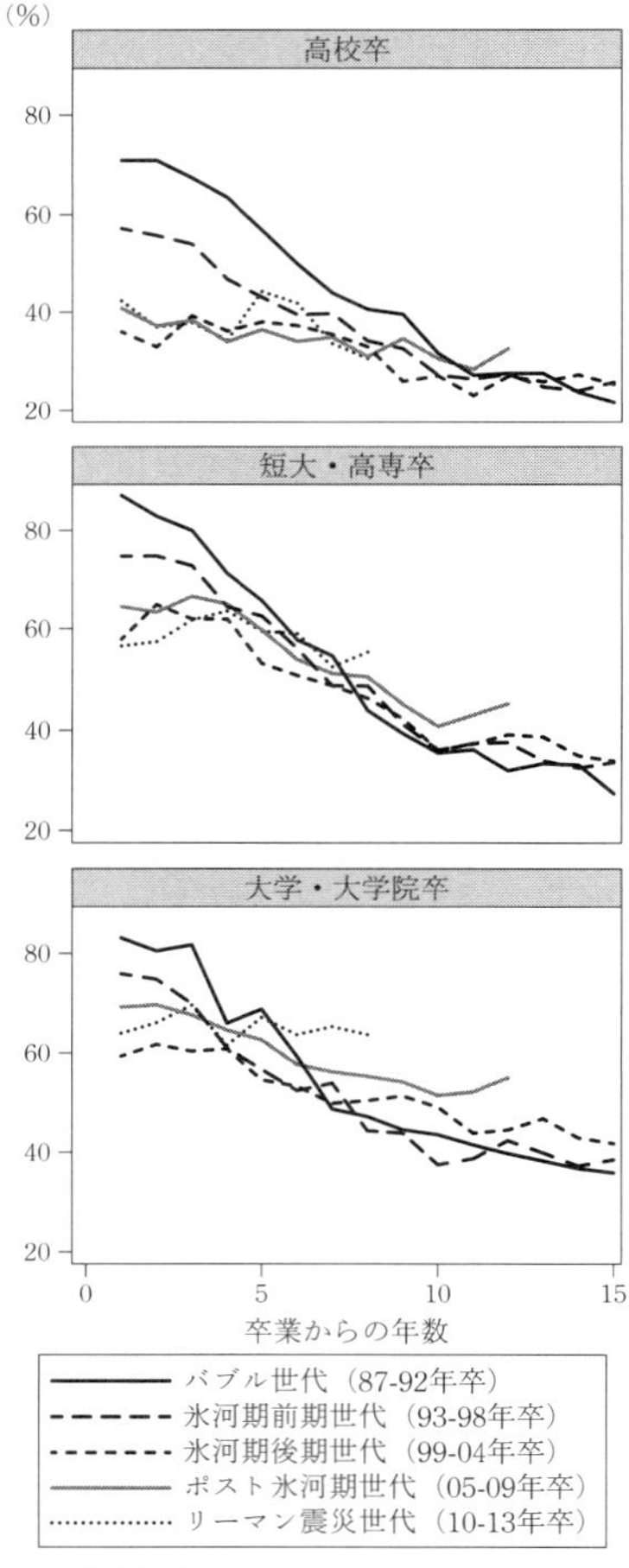

出所　労働力調査より筆者作成

でほぼ差がなくなる。大学・大学院卒に至っては卒業後7年目ごろには、初職時点で最も正規雇用率が高かったバブル世代と最も低かった氷河期後期世代が逆転し、より若い世代ほど正規雇用率が高くなっている。男性（図１－２）と比べると、高卒のほうが大卒よりも若い世代の正規雇用比率が低い傾向は男女で共通しているが、氷河期後期以降の世代のキャッチアップは女性のほうがはるかに早い。やはりこれも、上の世代ほど結婚や出産で退職する女性が多かったことが影響しているのだろう。

図３－４は、収入ゼロの人を含めた平均年収（実質値）の推移だ。男性と異なり、女性は最初の５年をピークにして年収が下がっていく傾向にあるが、これは結婚や出産を機に仕事をやめて無収入となったり、フルタイムからパートタイムになって収入が大きく下がったりする人が多いためだ。ピーク時点での年収はバブル世代が最も高く、氷河期前期世代がそれに続き、氷河期後期でさらに下がる。この傾向は男性と一致しているが、ピークを過ぎるとバブル世代の年収がより大きく低下し、卒業後10年もすると差がなくなる。これは、図３－２で見たように、年長の世代ほど年齢とともに就業率が大きく下がるためである。男性は逆に就業率は１００％に近いところへ収束していったが、年収ではバブル世代と氷河期後期世代の差が15年後も残り続けた（図１－３）のとは対

図3-4　卒業後の年収（実質値・万円）の推移・女性

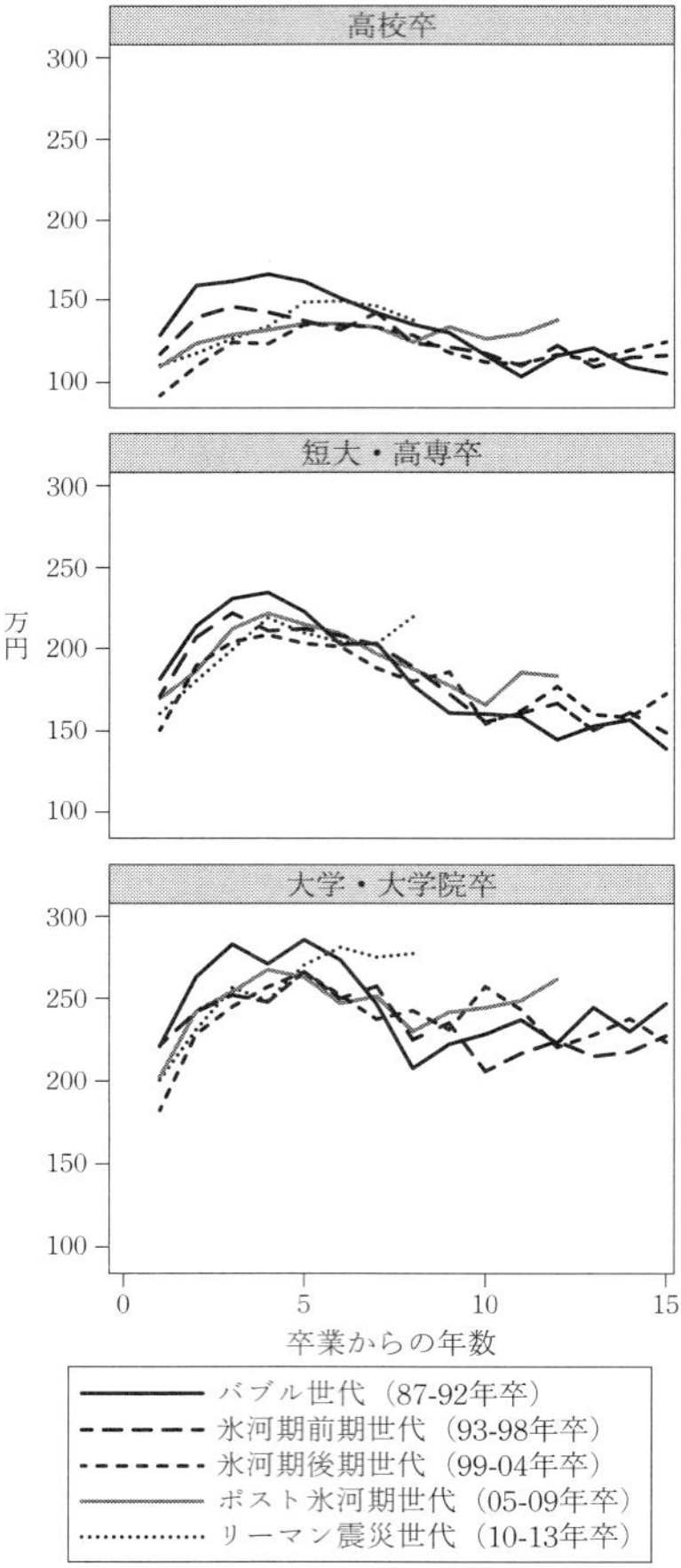

出所　労働力調査より筆者作成

照的である。

図3－4のデータは収入ゼロやパートタイムの人を含むため、就業率や正規雇用比率の変化と、同じ時間働いていた場合の賃金の変化の両方を反映してしまう。また、「労働力調査」の年収データは階級値で精度が低いという欠点もある。厚生労働省の「賃金構造基本調査」では、調査対象事業所（常用労働者数が5人以上の民営事業所と10人以上の公営事業所）で働く人しかカバーされない代わりに、事業所が賃金台帳に基づいて正確な月給とボーナスを回答することになっている。そこで、フルタイム雇用者について、より正確な年収のわかる「賃金構造基本調査」を用いて、同じ要領で男女の年収をグラフにして比べたのが図3－5である。

男性については、バブル世代、氷河期前期世代、氷河期後期以降の世代の順で年収が下がっていく点は第1章の図1－3と変わらない。対象をフルタイム雇用者に限定すると、世代間の格差が年とともにむしろ拡大していく傾向がある。そして、女性についても、男性同様にバブル世代、氷河期前期世代、氷河期後期以降の世代の順で年収が下がっていき、世代間の差は年数を経るにつれてむしろ拡大していく。年収の水準こそ違うものの、男女でそっくり同じ傾向である。

図3-5　フルタイム雇用者の年収（実質値・万円）の推移

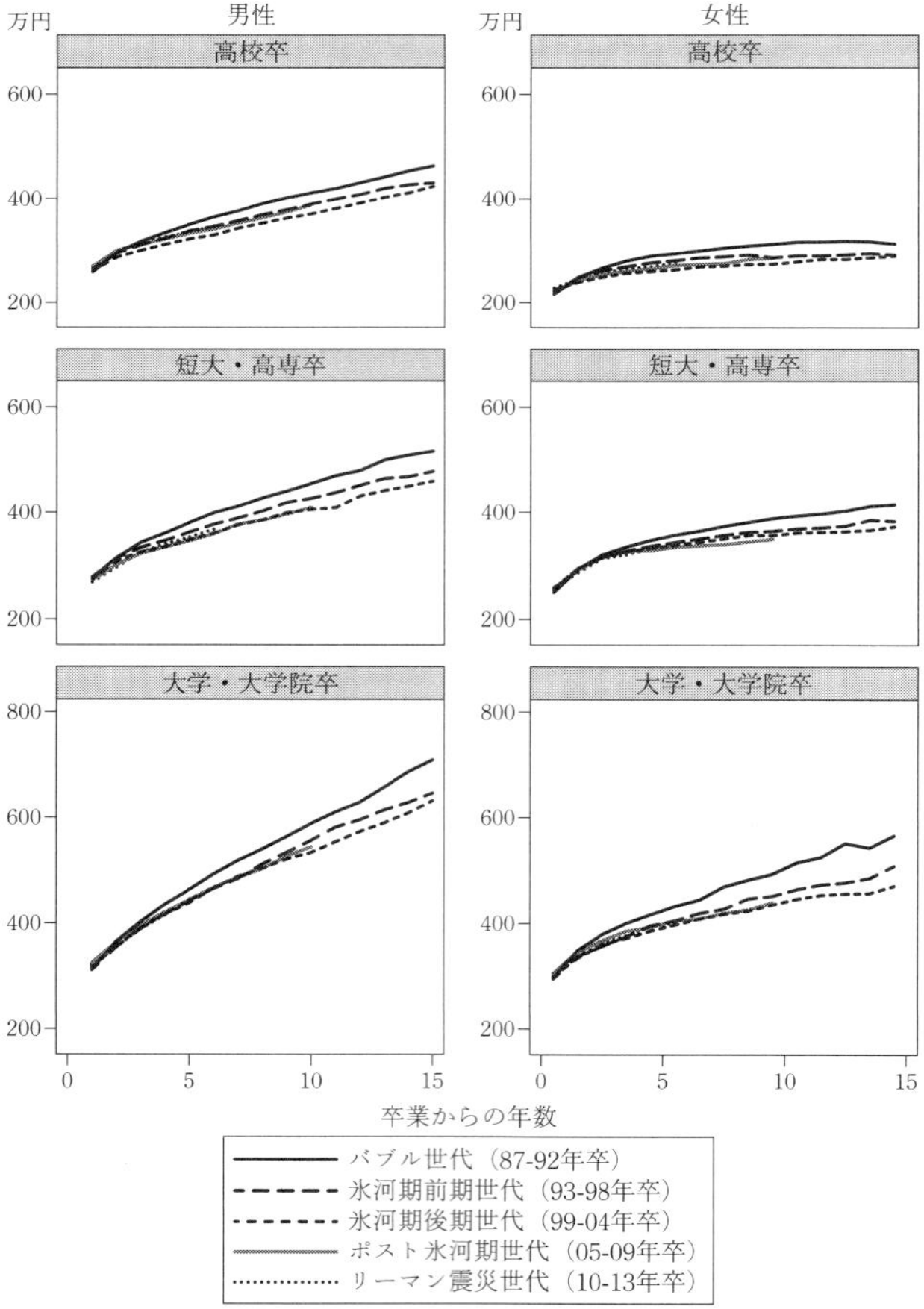

出所：賃金構造基本統計調査より筆者作成

ここから、フルタイムで働き続けた場合は男女とも同じように就職氷河期の影響があったが、女性に関しては30代の就業率・正規雇用率が上がったことで、氷河期の影響を打ち消していたと解釈できる。

なお、「労働力調査」からは婚姻状況もわかるため、配偶者の有無をコントロールしたうえで改めて世代の差を見る分析も行った。詳細は専門的になりすぎるので割愛するが、基本的な傾向は配偶者の有無を考慮していない図3－2〜図3－4と変わらなかった。厳密に言うと、晩婚化によって若い世代の就業率や正規雇用比率が高くなっている面は確かにあり、配偶者の有無をコントロールすると、氷河期後期以降の世代がバブル世代に追いつくまでの期間が若干長くはなる。しかし全体の傾向が変わるほどの影響はない。晩婚化の影響を考慮してもなお、女性は若い世代ほど就業率や正規雇用比率が上昇しており、就職氷河期の影響を打ち消しているのだ。

フルタイム雇用者の男女間年収格差

ここからは少し視点を変えて、男女間の格差がどのように変化してきたかを見てみよう。図3－6は、フルタイム雇用者の実質年収、就業率、正規雇用比率の順で、それぞ

図3-6　フルタイム雇用者の年収・就業率・正規雇用比率の男女間格差
卒業7～9年目の平均値

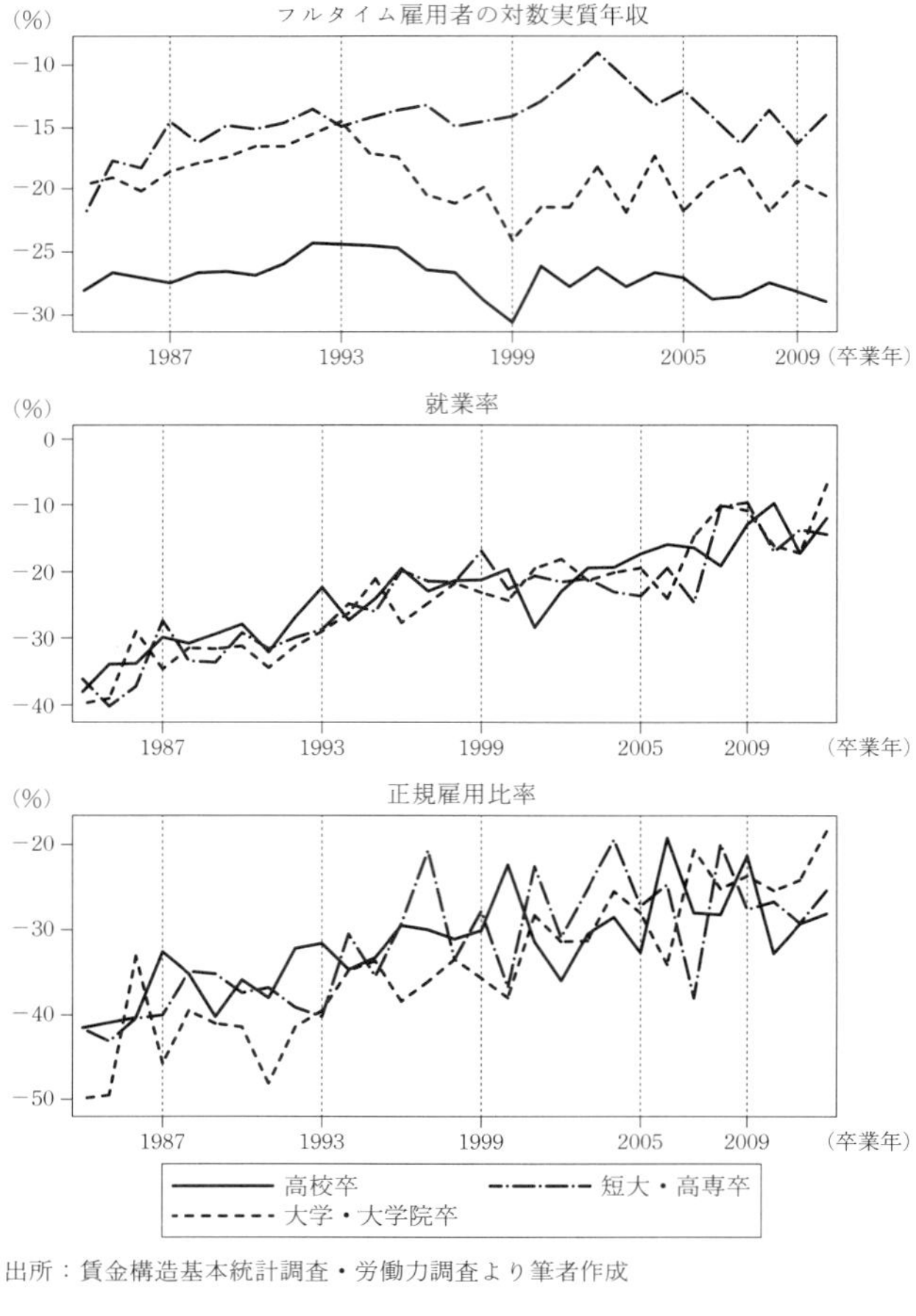

出所：賃金構造基本統計調査・労働力調査より筆者作成

れの卒業後７〜９年目における男女間格差を学歴別にプロットしたものだ。卒業後７〜９年目というと、高卒だと20代後半、大卒だと30歳前後にあたる。

30歳近くなると、結婚や出産を機に仕事をやめたりパートになったりする女性も増えてくるが、まずはその影響をあまり受けないフルタイム雇用者の格差を、図１－４や図３－５と同じ「賃金構造基本統計調査」のデータを用いて見てみよう。図３－６の上段は、フルタイム雇用者の実質年収の対数をとり、その男女の差を縦軸に、卒業年を横軸にとって学歴別にプロットしたものだ。対数の差はおおむね％変化にあたる。例えば、84年に高校を卒業した高卒者の卒業後７〜９年目の数値はマイナス０・28前後だが、これはその時点における女性の年収は男性よりも約28％少ないということを意味する。

高校卒のグラフを見ると、多少のアップダウンはあるものの、おおむね横ばいになっている。つまり、高校卒のフルタイム雇用者どうしを比べた場合の男女間の格差は、30年間で拡大も縮小もしていないということだ。短大・高専卒は若干右上がり、つまり男女間の格差が縮まる傾向にあるが、前述のとおり女性の短大進学率が下がった時期でもあるので、その影響を拾っている可能性は排除できない。大学卒は１９９３年卒前後の一番格差が小さかったところから少し格差が拡大した後、氷河期後期世代からポスト氷河期世代にかけては横ばいになっている。

学歴ごとに傾向が違うだけではなく、男女間格差の水準にも差がある。高卒は他の学歴よりも格差が大きい。具体的には、高卒女性は男性よりも25～30％ほど年収が低いが、大卒だとこの差は20％程度、短大・高専卒なら15％弱である。男女ともに高卒で就職する人が減り、大学へ進学する人が増えているので、もし学歴を考慮しなければ、フルタイム雇用者同士の男女間の年収格差はやや縮小傾向となる。

また、学歴ごとに多少のばらつきはあるものの、全体を通して見ると、就職氷河期世代（横軸の卒業年が93年から05年までの区間）がその前後の世代と比べて、格差が大きかったり、逆に小さかったりするようなはっきりした傾向はない。図3－1で見た、初職で正規雇用の職に就けた割合の男女間格差が拡大していたことと合わせて解釈すると、就職氷河期において、女子学生は男子学生以上に就職活動が困難だったが、フルタイムの正社員として就職できた場合の待遇では、男女間格差に大きな変化はなかった、ということになる。

就業率・正規雇用比率の男女間格差

フルタイムで雇用されている労働者の年収の男女間格差には、就職氷河期の影響はあまり見られず、おおむね横ばいで推移していた。しかし、フルタイムで雇用されているのは人口の一部にすぎず、その比率には男女で大きな差がある。そこで今度は、「労働力調査」を用いて、就業率や正規雇用比率の男女間格差の推移を見ていこう。

図3−6の中段と下段は、卒業後7〜9年目の、就業率と人口に占める正規雇用比率、それぞれの男女間の差を学歴別にプロットしたものだ。縦軸は人口に占める割合の男女差（例えばマイナス0・1であれば女性のほうが男性よりも10％ポイント低い）、横軸は卒業年である。図3−1では、卒業後最初に就いた職の正社員割合の男女差は就職氷河期に拡大し、その後縮小したことを確認したが、20代後半から30歳前後での状況はどうだろうか。

まず目につくのが、すべてのグラフがマイナス、つまり就業率も正規雇用比率もすべての学歴で女性のほうが低いことだ。また、就業率よりも正規雇用比率のほうがさらに格差が大きい。これは女性のほうが、働いていたとしても非正規雇用である割合が高いということを意味する。

このように、男女間の格差は歴然とあるものの、すべてのグラフが全体的に右上がりの傾向を示している。つまり、すべての学歴階級において、就業率と正規雇用比率の男女差は、いずれも縮小傾向にあるということだ。

就業率について詳しく見ていくと、バブル世代（87〜92年卒）ではどの学歴でも女性のほうが30％ポイント程度就業率が低いが、どの学歴でも徐々に男女間格差が縮小しつづけ、05年卒あたりでは男女間の差は20％ポイント程度になっている。05年卒はポスト氷河期世代の始まりごろにあたるが、男女間格差の縮小はバブル世代から始まった長期的な趨勢《すうせい》であり、就職氷河期をきっかけとして何か変化が起こったようには見えない。ただし、バブル世代から氷河期前期世代にかけて縮小しつづけた男女間格差が、氷河期後期世代になるとやや停滞し、そのぶん05年卒以降はさらに急速に格差が縮小しているようにも見える。とはいえ、このくらいのグラフのがたつきは誤差の範囲ともみなせるので、ここでは深入りしない。

また、図3－2と合わせて見ると、就業率の男女間格差の縮小は、女性の就業率が年齢とともに下がらなくなってきたことが主な要因であることもわかる。卒業直後の就業率は、男性と同様に、バブル世代が最も高く、氷河期前期世代がそれに続き、氷河期後期世代で底を打ったもののポスト氷河期以降の世代も氷河期前期世代よりも低い水準にとどまっている。ここから、卒業時点での景気とは異なる要因によって、女性の就業継続率が上がってきたことで男女間の就業率格差が縮小してきたことが示唆される。

正規雇用比率は、就業率以上に男女間で差があるが、こちらも格差は縮小傾向にある。具体的には、バブル世代（87～93年卒）では高校卒や短大高専卒で40%ポイント近く、大学・大学院卒で40%ポイント以上の男女間格差があった。これがポスト氷河期世代（05～09年卒）では、どの学歴でも20%台に縮小している。就業率同様、男女間格差の縮小はバブル世代から始まった長期的な趨勢であり、就職氷河期をきっかけとして何か変化が起こったようには見えず、ポスト氷河期世代以降も続いていきそうに見える。

正規雇用比率の男女差が縮小しているのは、図3－1で見た初職の傾向とは対照的である。図3－1では卒業直後の職が正規雇用だった割合の男女差は就職氷河期に拡大したが、卒業後7～9年目の男女間格差は、バブル世代よりも氷河期後期世代のほうが小さい。ということは、初職での格差拡大を打ち消すくらい、20代後半から30歳前後（卒業後7～9年程度）の時点での女性の正規雇用比率が相対的に上昇していたはずだ。実際、図3－3で見たように、卒業直後こそバブル世代の正規雇用比率がいちばん高いが、数年でより若い世代が追いついたり逆転したりしている。

晩婚化・晩産化の影響

就業率・正規雇用比率ともに、男女間格差が縮小したことは、女性の就業率・正規雇用比率が年齢とともに下がらなくなってきたことに起因する。この原因として、多くの人が真っ先に思い浮かべるのは晩婚化や少子化だろう。実際、第2章で見たとおり、40歳までに産む子供の数は下げ止まっていたものの、結婚や出産のタイミングは遅くなっている。図3－6は卒業後7～9年目、すなわち大卒でも30歳前後までしか追っていないので、3つのグラフに含まれる女性の既婚率や子供がいる割合は、若い世代ほど低い。

この晩産化・晩婚化によって就業率・正規雇用比率の男女間格差の縮小がどの程度説明できるのかを見るために、既婚率そのものと、既婚女性の就業率・正規雇用比率を見たのが図3－7である。

ちなみに、結婚しているかどうかよりも、子供の有無のほうが、女性の労働供給に影響を与えやすい。周囲を見ても、結婚を機に退職するより、1人目の子供ができたタイミングで退職するケースのほうが多いだろう。しかし、「労働力調査」設計上、子供の有無を正確に識別することが難しい（同居していない子供が捕捉できない、同居している

図３-７　女性の既婚率・既婚女性の就業率・正規雇用割合の推移
卒業７～９年目の平均値

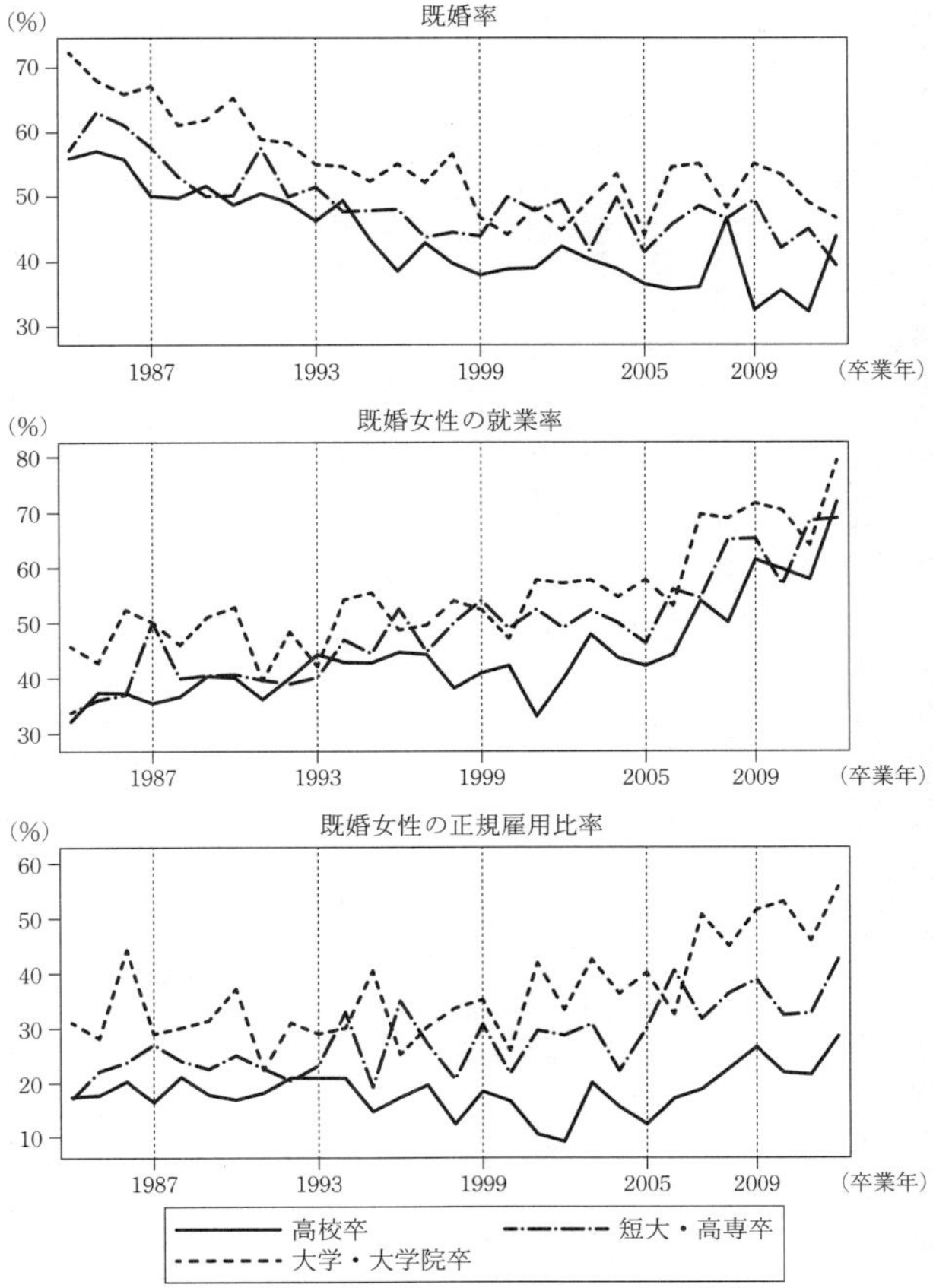

※出所：労働力調査より筆者作成

する。

弟妹や甥姪《おいめい》を実子と誤認するなど）。このため、この図では便宜的に配偶者の有無に着目する。

一番上のグラフは、就業率や正規雇用比率の算出に使う「労働力調査」を用いて、卒業後7～9年目の女性に占める配偶者のいる割合を学歴別にグラフにしたものだ。卒業後の年数で見ているため学歴が高いほうが年齢も高くなっており、学歴間で水準の比較はできない点には留意が必要だが、それぞれの学歴ごとの傾向を見ることはできる。

グラフを見ると、すべての学歴で、99年卒（氷河期後期世代の始まり）くらいまでは卒業後7～9年目の有配偶率は下がっている。ここから、バブル世代から就職氷河期前期世代にかけての就業率や正規雇用比率の男女間格差の縮小には、晩婚化が少なからず寄与していたであろうことが推測される。

しかし、99年卒以降の動向を見ると、どの学歴でも卒業後7～9年目の有配偶率は横ばいである。男女間の就業率や正規雇用割合の格差は99年以降に卒業した世代でも縮小しつづけていたので、晩婚化以外にも格差を縮小させる要因があったはずである。実はちょうどこの時期、配偶者のいる女性の就業率や正規雇用割合が上昇していたのだ。

図3－7の中段は、学校卒業後7～9年目の配偶者のいる女性の就業率の推移を示し

たものだ。ちなみに、紙幅の関係で図は省くが、学校卒業後7～9年目の配偶者のいない女性の就業率は高校卒で80％前後、短大・高専卒や大学卒では90％前後でほぼ横ばいで、世代によって上がったり下がったりといった傾向はない。これに対して、配偶者のいる女性の就業率は、ちょうど就職氷河期世代あたりから上昇し始めたように見える。高校卒に比べると短大・高専卒や大学・大学院卒のほうがその傾向ははっきりしており、バブル世代（87～92年卒）に比べるとポスト氷河期世代（05～08年卒）では10％ポイント以上高くなっている。

下段は、同じ要領で人口に占める正規雇用割合の推移を見たものだ。配偶者ありの女性の正規雇用割合は99年卒ごろまで横ばいで、その後大学卒や短大・高専卒では上昇に転じている。ちなみに配偶者なしの女性の正規雇用比率は、第1章で見た男性の傾向とほぼ同じで、バブル世代から氷河期前期世代にかけて下がり、氷河期後期世代以降は横ばいになっている。既婚女性だけ正規雇用比率が上昇しているため、若い世代ほど既婚者と未婚者の差が縮まっていく傾向が見られる。

出産退職の減少と就職氷河期世代

既婚女性の就業率や正規雇用比率が相対的に上昇した背景には、第一子出産前後での就業継続率の上昇がある。第2章でも扱った、国立社会保障人口問題研究所の「出生動向調査」では、子供のいる女性に対して結婚前後や第一子出産前後での就業状態の変化を、出産年別に訊いている。第一子の妊娠前は就業していた女性が、出産後も就業を継続する割合は、85年から09年までずっと40％程度で横ばいだったが、10〜14年では53％と急上昇している。また、結婚を機に、あるいは結婚から第一子妊娠までの間に退職した割合は2000年代から減り始めていた。この点を加味して結婚前は就業していた女性が第一子出産後も就業している割合で見ると、85年から99年までは27％程度で横ばいだったのが、00〜04年には31％、05〜09年には33％と徐々に増え、10〜14年には43％に上昇した。

第一子出産後の就業継続率が上昇していた05〜14年は、96年から07年に卒業した世代にとっての卒業後7〜9年目に相当し、既婚女性の就業率や正規雇用割合が上昇していた時期と一致している。また、05〜14年は70年代後半生まれの就職氷河期世代が30代、最も出産の多い年齢だった時期にあたり、ちょうど女性一人あたりの子供の数が下げ止まってきた世代（図2－1）とも一致している。

本章で明らかになったことをまとめると、就職氷河期世代の女性は、新卒時点での就職活動でこそ男性以上に苦労をしたが、20代後半以降はバブル世代よりも就業率が高く、しかも正規雇用で働きつづける割合が高かった。ポスト氷河期以降の世代は、新卒時点での男女間格差も縮小していった。

ただし、フルタイム雇用者に限定すると男女間の賃金格差は縮小しなかった。女性正社員に対する労働需要の増加が先行したならばフルタイム雇用者の男女間賃金格差も縮小するはずなので、女性の就業率や正規雇用比率の上昇は、主に女性の労働供給の変化が背景にあったと考えられる。賃金格差が拡大もしていないということは、女性の労働供給の増加を吸収する程度には労働需要も増えていたとも解釈できるが、現実には給与水準が労働需給のバランスを敏感に反映しているとは限らず、男女間の給与に差がある状態が固定化されている可能性もある。

既婚者より未婚者のほうが就業率や正規雇用比率が高い傾向があるため、晩婚化は女性の労働供給増にある程度寄与していたと考えられる。だが、既婚女性の就業率や正規雇用比率も上昇しており、その背後には出産退職の減少があった。第2章で見たように、就職氷河期世代は、子供の数が下げ止まった世代でもあった。単純なタイミングの一致を因果関係と見なすことには慎重でありたいが、出産後も仕事を続けやすくなったことが、出生率の下げ止まりと、就業率男女間格差の縮小の両方に寄与していたのかもしれない。

〈第3章　まとめ〉

●新卒時点では女性のほうが男性よりも就職氷河期の影響が強かったが、就業率や正規雇用率の世代差は数年で解消した。

●晩婚化や既婚女性の就業継続率上昇が就職氷河期の影響を打ち消していた面が大きい。

●就業率や正規雇用比率と異なり、フルタイム雇用者の年収については女性同士の世代間格差も、同世代内の男女間格差も縮小していない。

第4章　世代内格差や無業者は増加したのか

就職氷河期を招いたバブル崩壊以降、「格差社会」という言葉をよく目にするようになった。経済全体が低迷しているだけでなく、経済格差の拡大によって貧困層が増えているという認識だ。では実際のところ、就職氷河期世代ではその前の世代に比べて、同じ世代の中の格差は拡大していたのだろうか。

また、就職氷河期の終わりごろから若年雇用対策の重要性が認識されはじめたが、そうした対策パッケージには常に、ニートやひきこもりなど、社会との接点に乏しい若年無業者に対する支援が含まれてきた。しかし、就職氷河期によってニートやひきこもりが増えたのだろうか。

本章では、世代内の所得格差や将来の生活に懸念がある無業者の動向を分析する。まず前半では、第1章や第3章と同じデータを用いて、世代内の年収格差の推移を確認する。そして後半では、ニートや孤立無業者、親と同居する不安定雇用者、ひきこもりなどの動向を統計データに基づいて見ていく。

男性の年収分布の推移

まずは、世代全体の年収の分布を見ていこう。図4－1に、「労働力調査」から集計した、卒業後5年目と10年目の男性の年収の分布を、高卒と大卒について示した。女性でも同様の図を描くことはできるが、年収がゼロの専業主婦が若い世代ほど減っているせいで格差が縮小しているかのように見えてしまうため、女性のグラフは割愛した。第3章で見たとおり、既婚女性の就業率や正規雇用比率が上がっているだけでなく、若い世代ほど結婚が遅くなっており、その影響を取り除くのは難しいためだ。

「労働力調査」では、年収を「100～199万円」などといった階級の選択式で尋ねている。これをもとに、高卒と大卒それぞれ、卒業5年目と10年目の年収の分布を世代別に図示した。やはりまず目につくのは、一番左のバブル世代の年収が全体的に高いことだが、平均的な所得水準自体の差についてはすでに第1章で述べた。バブル世代、氷河期前期世代、氷河期後期世代の順で、所得の高い階層の割合が減り、低い階層の割合が増えていることも第1章の結果と整合的だ。

ここでは4つのグラフそれぞれの、所得の高い層と低い層の動向の違いに注目してみよう。バブル世代から就職氷河期世代にかけて、全体的に所得が下がる方向に動きつつ、

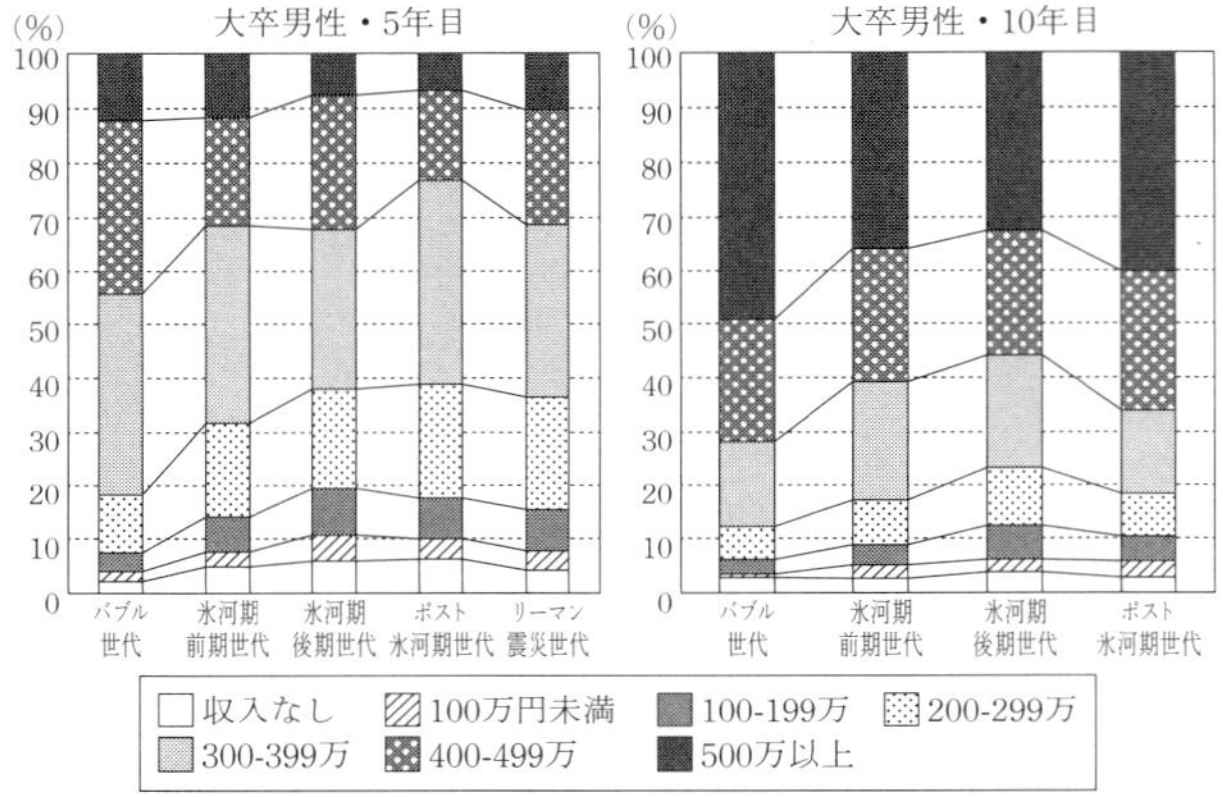

出所：労働力調査より筆者作成

所得の高い層の減り方よりも所得の低い層の増え方のほうが大きくなっており、徐々に格差が拡大していったことがうかがえる。

逆に、就職氷河期世代と、もっと若いポスト氷河期世代やリーマン震災世代を比べると、比較的所得の高い階層は増えているのに低い階層はあまり減っておらず、やはり格差はやや拡大傾向と言える。細かく見ると、ポスト氷河期世代の卒業5年目の状況は氷河期後期世代とあまり変わらないか、むしろやや悪いのだが、10年目になると所得の高い層（高卒の年収400万以上、大卒の年収500万以上）の割合ははっきりと増えている。それに引き換え、無収入と所得の低い層（高卒の100万円未満、大卒の

図４-１　世代別・男性の所得分布（卒業５年目・10年目時点の年収）

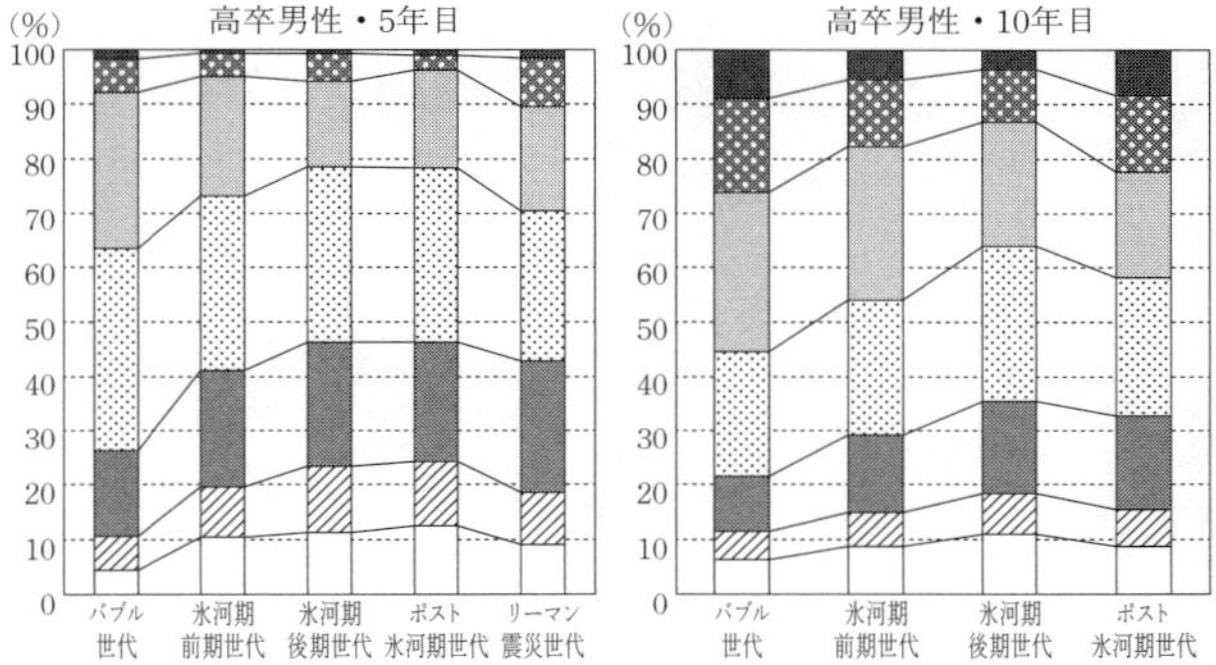

200万円未満）を合わせた割合は、ほとんど減っていない。また、ポスト氷河期世代とリーマン震災世代の5年目の状況を比べると、やはり所得の高い階層が増えているのに比べると、低い階層の減り方は小さい。

一つ留意すべき点がある。ポスト氷河期世代の5年目と氷河期後期世代の10年目は、ちょうどリーマンショック後から東日本大震災にかけての不況期にあたるので、世代間の差に加えてその時の不況の影響も反映されている可能性が高い。したがって、ポスト氷河期世代と氷河期後期世代の差が、5年目では小さく、10年目では大きく出ている可能性がある。とはいえ、所得の高い層の増え方に対して低い層の減り方が小さいという傾向は一貫しているといってよいだろう。

まとめると、バブル世代以降、世代が若くなるにつれて徐々に世代内の格差が拡大してきたといえる。

男性フルタイム雇用者の年収格差

フルタイム雇用者については、「賃金構造基本調査」から正確な年収額がわかるので、より精密に、上位10％や下位10％の動向を見ることができる。そこで図4－2に、分布のちょうど真ん中である中央値を基準に、上位10％／中央値（上位10％が中央値の何倍か）と、中央値／下位10％（中央値が下位10％の何倍か）をプロットした。それぞれの学歴について、卒業後5年目と10年目について、横軸に学校卒業年を取ったグラフになっている。

卒業年が1999年以前、つまりバブル世代から氷河期前期世代にかけては、上位10％／中央値も、中央値／下位10％も、いずれもやや右上がりの傾向にある。つまり、所得分布の上位と真ん中の差も、真ん中と下位の差も拡大傾向にあるということで、所得格差が拡大してきたと解釈できる。また、どちらかというと中央値／下位10％の上昇が大きいことから、所得の低い層で格差が広がる傾向がより強いことが示唆される。

図４-２　男性フルタイム雇用者の年収格差の推移
卒業５年目・10 年目時点の実質年収の上位 10%、中央値、下位 10%の比率の推移

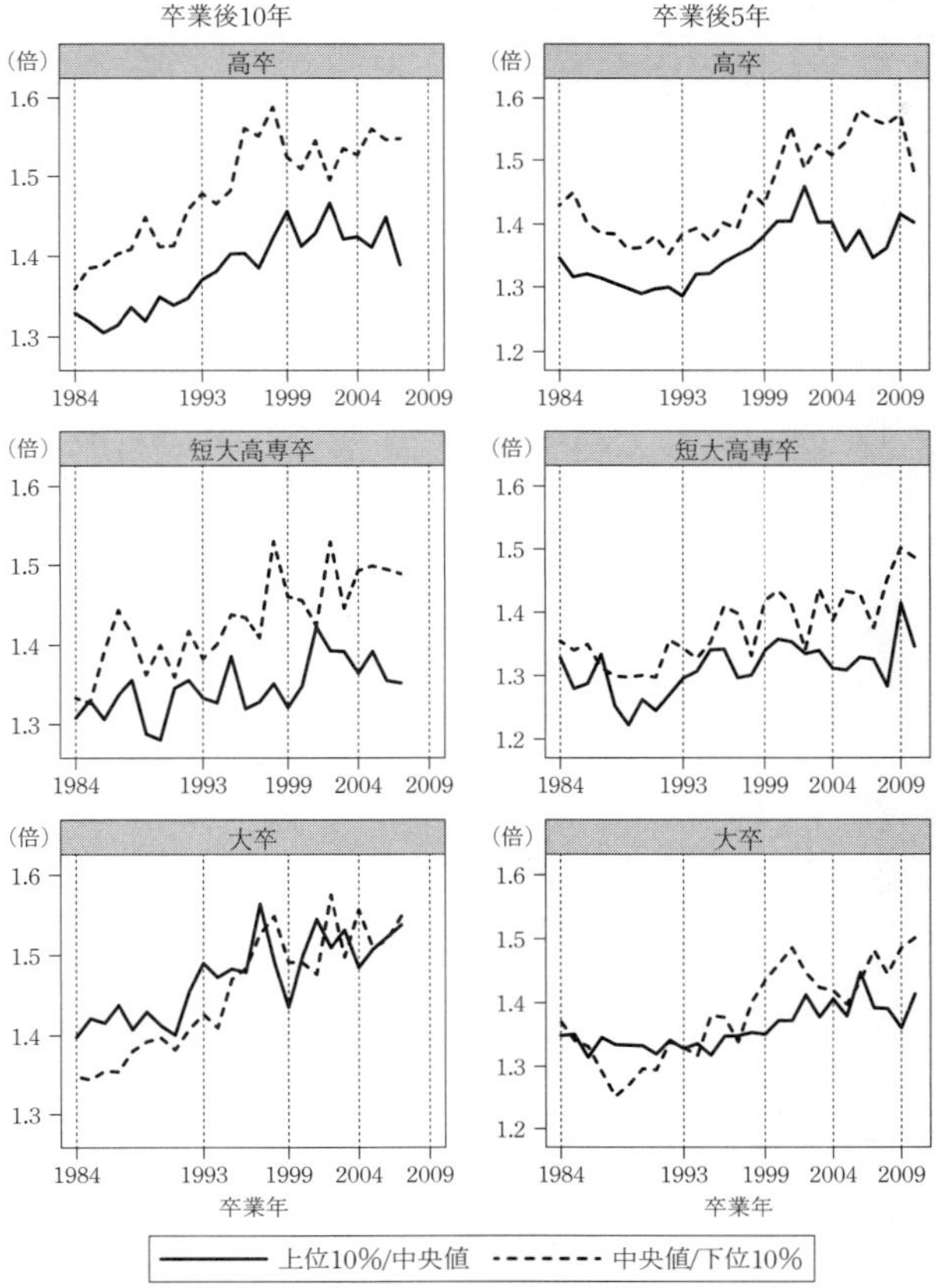

出所：賃金構造基本統計調査より筆者作成

99年卒以降の世代については、グラフのがたつきが大きいので確定的なことは言えないが、格差の拡大ペースは落ち着いてきているように見える。特に、上位10％と中央値の比は、２０００年代以降に卒業した世代では横ばいになっていると言ってよいだろう。ポスト氷河期以降、所得の高い層の割合が増えていたという図４－１の結果と一見矛盾しているように見えるが、図４－２で用いたデータは２０１９年までしかないため５年目の図にもリーマン震災世代が含まれていないことや、サンプルがフルタイム雇用者に限定されていることもあって中央値も上位10％と一緒に上昇していることが影響しているのだろう。一方で、中央値と下位10％の比率は、特に卒業後5年目のグラフでは右上がりの傾向が続いているように見え、所得の低い層が相対的にさらに下がっていく傾向が確認できる。

格差の拡大が、所得の低い層がさらに下がったせいなのか、所得の高い層がより上がったせいなのかを確認するため、図４－３に、上位10％、中央値、下位10％の年収そのものの推移を示した。上位10％が横ばいなのに対して、中央値、下位10％と下がってくるにつれて、低下傾向がはっきりする。つまり、フルタイム雇用者全体で見た時に上位の人たちの年収は変化せず、下位の人たちの年収はより下がっていたのだ。バブル世代から就職氷河期世代にかけての、フルタイム雇用者の中の世代内格差の拡大は、年収の低い層が増えてきたことに起因する。

なお、専業主婦が若い世代ほど減っている影響を取り除くことが難しいため、図4－2、図4－3についても女性の図は割愛するが、まだ既婚者が少ない卒業後5年目のグラフは、男性よりもさらにばらつきが大きいものの、ほぼ同じ傾向だった。

ちなみに、図4－3の年収の変動が、図4－1と比較すると小さいように見えるのは、図4－1にはパートタイム労働者や無業者を含むのに対し、図4－3はフルタイム雇用者のみに対象が限定されているからだ。仮に時給が最低賃金と同じでも、フルタイムで働けば年収100万円は確実に超えるので、図4－1の収入なしや100万円未満の層は図4－2や図4－3には含まれていない。それでも分布の下側が下がる形で格差が広がっているということは、フルタイムの中でも比較的給与が低い仕事ほど、就職氷河期によってより待遇が悪くなっていることを示唆する。

フルタイム雇用者の中で、就職氷河期の影響に差がつく要因の一つが企業規模だ。大企業の新卒採用人数は中小企業よりも景気に左右されやすい一方で、給与自体は比較的安定している。第1章の表1－3で見たように、就職氷河期世代はその前の世代よりも

図4-3　男性フルタイム雇用者の年収上位・下位10%の推移
卒業5年目・10年目時点の実質年収の上位10%、中央値、下位10%の推移

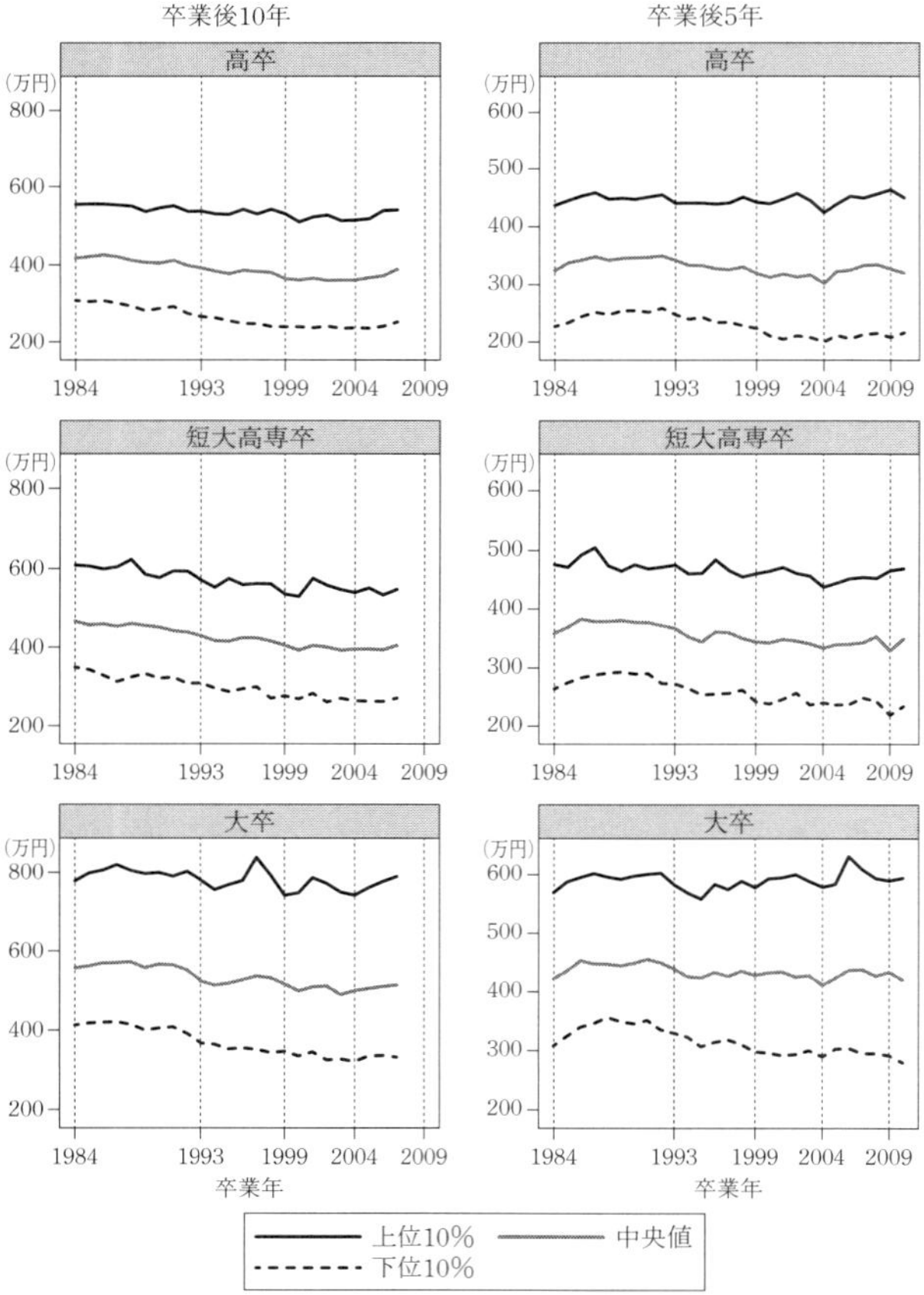

出所：賃金構造基本統計調査より筆者作成

大企業に就職した割合が少なかった。また、図４－２や図４－３の作成に用いたデータで企業規模別の平均年収を見ていくと、大企業の従業員の年収は比較的安定している一方、小規模な企業ではバブル世代から就職氷河期世代にかけて年収が下がっていく傾向があった。もともと大企業のほうが中小企業よりも年収が高い傾向があるが、その差がさらに開いていったのである。年収分布の上位10％あたりは年収の安定した大企業に勤める人が多く、下位に行くほど小規模企業の割合が増えるとすれば、こうした企業規模間の格差の拡大は、年収分布の格差拡大の要因の一つであったと考えられる。

生活困窮者やその予備軍は増えたのか

このように、就職氷河期の間に年収の世代内格差が拡大、それも分布の下側に広がっていく形で拡大していたことがわかった。つまり、平均が下がっている以上に、相対的に年収の低い人たちの年収がより下がっていたということだ。そのため、特に困難な状況に置かれている人たちが氷河期世代以降の世代には多くなっているのではないかと懸念される。

すでに第１章で就業率と正規雇用比率については詳しく見た。バブル世代よりも就職氷河期世代、また氷河期世代の中でも前期世代より後期世代のほうが就業率と正規雇用比率が低い、すなわち無業者や非正規雇用が多かったが、卒業後15年目くらいには差がなくなっていた。また、ポスト氷河期世代は氷河期後期世代と同程度かやや改善された程度であったこともわかっている。

では、より困難な状況にある人たちはどうだろうか。仕事を探しておらず家事や通学もしていない無業者であるニート、親に経済的に依存している生活不安定者、社会との接点が失われているひきこもりや孤立無業者の動向について、順番に見ていこう。

ニート

まず、「労働力調査」を使ってニートの割合を見ていこう。ニートとは、もともとはNot in Education, Employment or Training の略で、「学校にも職業訓練にも通っていない無業の若者」を指すイギリス由来の言葉である。イギリスではNEETは、通常は10代の若者に限定して使われる。しかし日本では「就業も求職もしておらず、学校にも通っていない未婚の若者」を指し、年齢層も30代まで含むことが多く、若干ニュアンスが異なる。

「労働力調査」や「就業構造基本調査」などに基づいてニートの数を集計する際には、非労働力（就業も求職もしていない人）から、主な活動として通学や家事をあげていない未婚者を、15～34歳あるいは39歳などと年齢を区切って集計することが多い。本書では卒業年を基準に世代を分ける都合上、年齢の代わりに卒業後の年数で区切るが、それ以外はこの定義に従う。

図４－４に、世代・卒業後の年数・男女別に、人口に占めるニートの比率を示す。ニートの存在が日本社会に認識された当初より指摘されてきたことだが（玄田・曲沼２００４など）、学歴によってニートの割合は大きく異なり、高校卒や中卒・高校中退のほうが、短大・高専卒や大卒よりも、ニートの割合がはるかに大きい。このため、高校卒と短大・高専卒以上に分けて集計し、グラフの軸の単位も変えてある。

図４－４の上段、高校卒のグラフを見ると、若い世代ほどニートの割合が高くなっている。また、いちばん若いポスト氷河期世代の最初の5年間が突出して多いのを除くと、卒業後の年数がたっても、ニートの割合が減っているわけではない。「労働力調査」は同一個人を追跡したパネルデータではないので、卒業後すぐにニートになった人が何年もずっとニートのままなのか、それとも一部はニートから脱するものの、同じくらいの

図4-4　世代・卒業後年数別人口に占めるニート比率

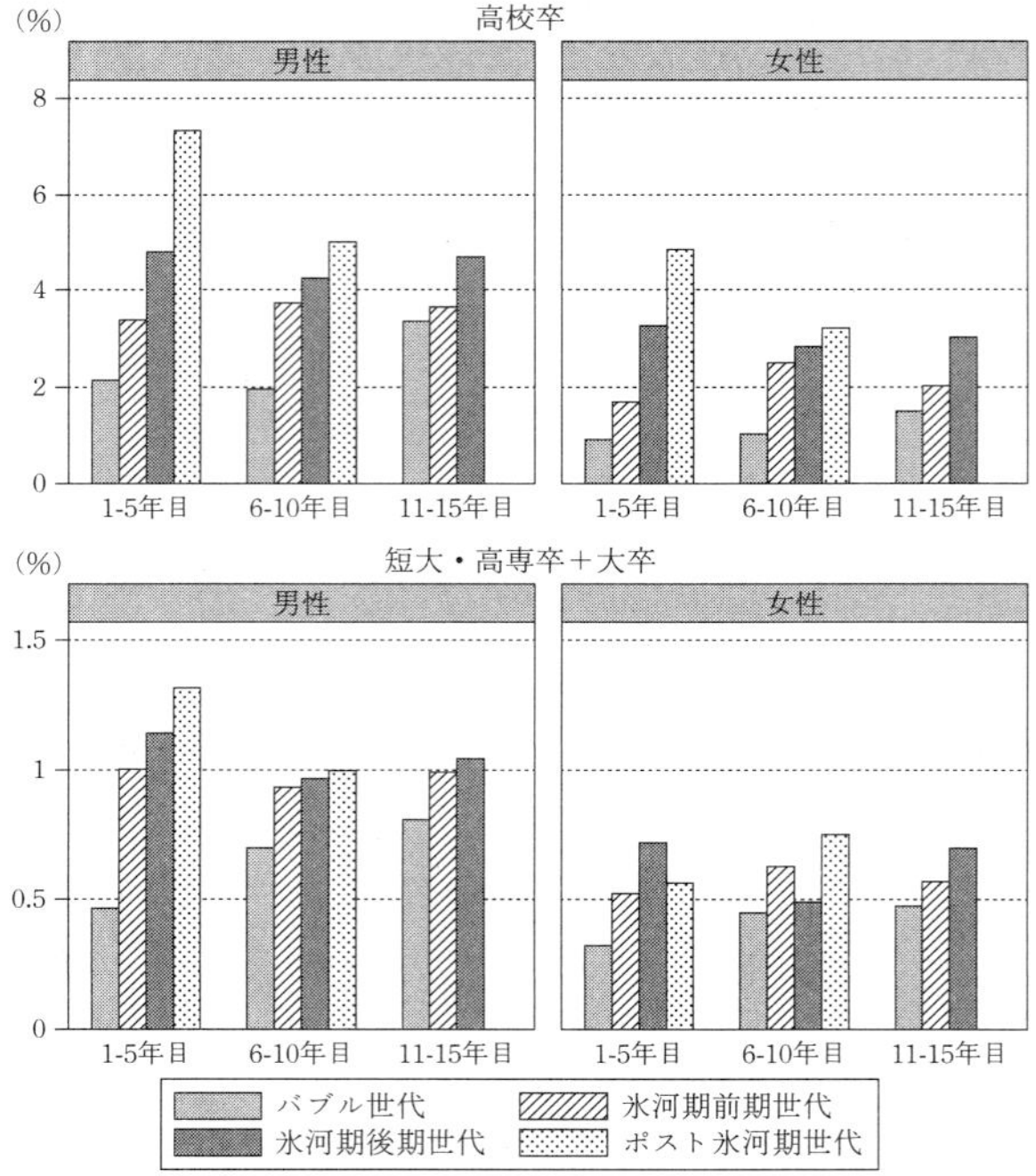

出所：労働力調査より筆者作成

人数が新たにニートになるために、全体としての割合が減っていかないのかはわからない。しかしとにかく、ニートは若者特有の現象ではなく、年齢を重ねても自然に減ってはいかないことは確かだ。

高校卒の男性の場合、卒業後11～15年目、すなわち30歳前後になっても、約４％がニート状態にある。男女を比べると女性のほうがニートの割合が少ないが、主な活動として家事をあげている、いわゆる「家事手伝い」を足すと女性のほうが多くなる。女性のほうが家事手伝いを自称しやすいことを考えると、実質的には男女で大きな違いはないと見てよいだろう。

短大卒以上の学歴について同様にしてグラフを作ったのが下段だ。人口に占めるニートの割合は高校卒の４分の１くらいにまで減るが、若い世代ほどニートの割合が高くなり、年齢を重ねてもニートが減っていくわけではない点は変わらない。家事手伝いを含まない定義だと女性が少ないが、家事手伝いを加えると女性のほうが多くなる点も同じである。

充分なサンプルサイズが確保できる高校卒については、学校卒業年１年単位での集計も試した。グラフそのものは割愛するが、氷河期後期世代までは、学校卒業時の失業率が上がるにつれてニートの割合も増えていく傾向が見られたが、学校卒業時の失業率が下がっていたポスト氷河期世代でもニートの比率は下がっていなかった。第1章で見た年収や正規雇用比率などについても、ポスト氷河期世代と氷河期世代の差があまりなかったが、ニートの割合についても同じであった。しかも就業率や正規雇用比率と異なり、年齢が上がっても氷河期以降の世代とそれより上の世代の間の差は縮小しない。

ちなみに、若い世代ほど高校卒の割合が小さくなる。このことは、人口全体に占めるニートの割合を下げる方向に寄与するが、同じ学歴の中でのニート割合の増加のほうが大きいため、学歴で区切らない人口全体に占めるニート割合は若い世代ほど大きくなっている。

仮にニートの多くが親に経済的に依存しているならば、高齢になるにつれて親が亡くなったり病気になったりして頼れなくなり、生活に困窮するケースが増えてくることが懸念される。もしもこのまま50代や60代になっても高校卒の4%程度がニートのままだとすると、深刻な社会不安が危惧される。

生活不安定者

より直接的に、「現在親に経済的に依存しており将来の生活不安がある人」がどのくらいいるのかも見てみよう。下田（２０２０）は将来親の介護が必要になった時に生活が困窮するリスクの高い「生活不安定者」として、いくつかの公刊統計を組み合わせて、「未婚で親と同居する非就業者・非正規雇用者数」を算出したものに、世論調査で「老後の生活を心配している」と答えた親の割合を掛け合わせてその数を試算している。下田の試算では、２０１５年時点で41〜45歳である団塊ジュニア世代（おおむね氷河期前期世代に該当）には、生活不安定者が33万人含まれる。

下田の定義に倣い、「労働力調査」を用いて、「未婚で親と同居する非就業者・非正規雇用者」が世代人口に占める割合を集計した。年齢層を35〜39歳に絞り、男女・学歴別に、横軸に生年を取ってグラフにしたのが図４－５である。

なお、30代後半はまだこれから結婚する人も少なからずいる年齢である。そのため、本節で参考にした下田（２０２０）による試算も41〜45歳時点の数値であった。しかし、氷河期後期世代に相当する１９７０年代後半生まれまでカバーするためにはこれ以上年齢を上げることができないため、本書ではやむをえず35〜39歳の数値を用いる。また、下田が用いていた「老後の生活を心配する親の割合」は、金融広報中央委員会「家計の

図4-5　30代後半時点の生活不安定者割合

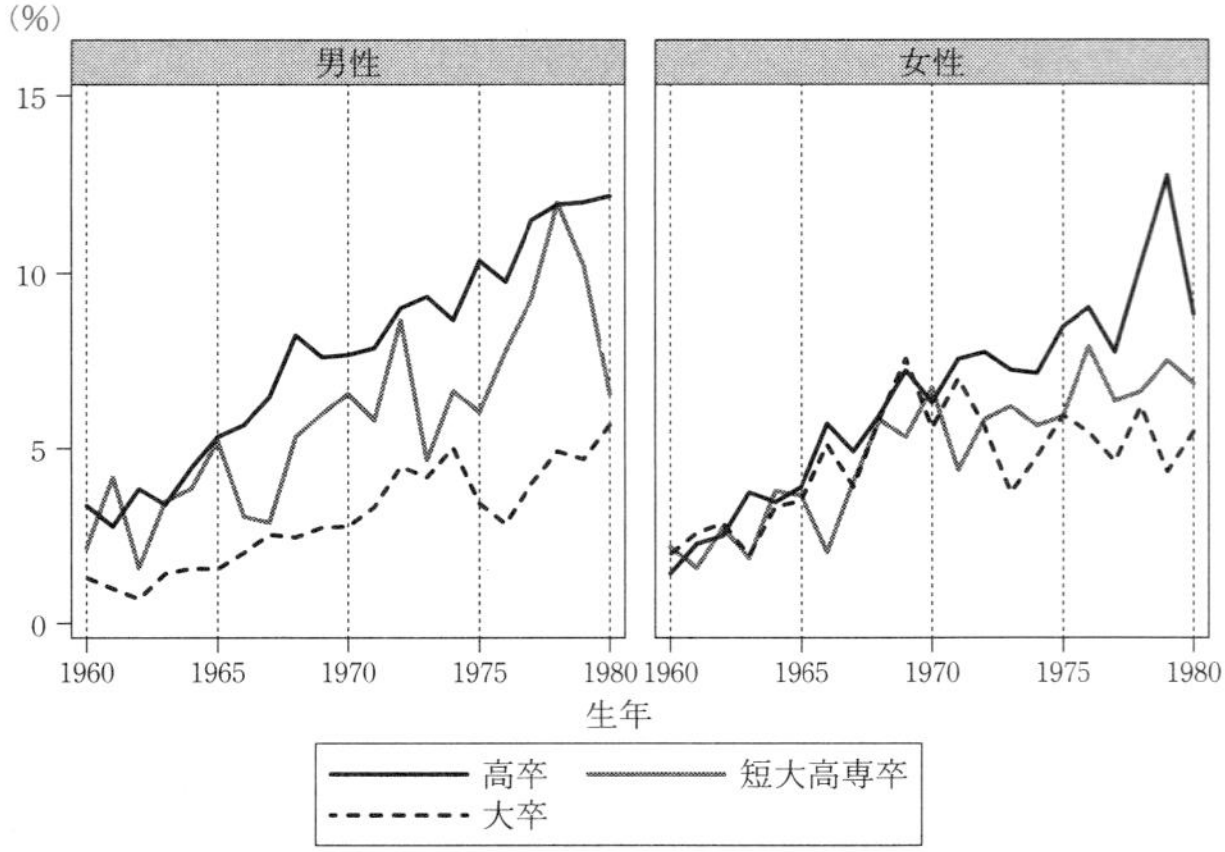

（親と同居する未婚の不安定雇用・非就業者を生活不安定者と定義）
出所：労働力調査より筆者作成

金融行動に関する世論調査」（令和3年調査）の回答から親世代の77％に相当すると考えられるので、厳密には図4－5のグラフに0・77をかけたものが下田の定義する「生活不安定者」となる。

図4－5に戻ると、図4－4で示したニートほどではないにせよ、学歴間で差があり、学歴が低いほうが相対的に生活不安定者になりやすいことがわかる。これは主に、不安定雇用や非就業の割合の学歴差に起因している。また、男女で傾向が異なっている。男性ではすべての学歴で、若い世代ほど増えている。1970年代後半生まれの

高卒男性では1割を超えており、大卒でも5％程度いる。一方、女性は高卒のみ増加が続いているものの、短大高専卒や大卒では1960年代後半生まれから5％程度でおおむね横ばいとなっており、男女の傾向の違いが目立つ。

ちなみに、親と同居していない、単身世帯の未婚の不安定雇用・非就業者の人口に占める割合は増えていない。男女ともに晩婚化が進み未婚者の割合が増えていることから、単身者の割合自体は増えているのだが、不安定雇用や低年収の単身者は増えていない。30代後半だと親もまだ50～60代であることが多く、生活に困るとまず親を頼って同居することが多いのだろう。しかし、このまま本人が40代、50代となり、高齢となった親が亡くなったり介護が必要になったりすると非常に苦しい状況に置かれることが懸念される。

ひきこもり、孤立無業者

ニートや男性の生活不安定者が、就職氷河期世代以降増えていることがわかった。では、現時点で社会とのつながりがすでに少なくなっている、ひきこもりや孤立無業者の動向はどうだろうか。就職氷河期世代を支援する政策パッケージには、ひきこもりや、

表4-1　年齢階級別・人口に占める広義のひきこもりの割合
（囲いは氷河期世代）

	25〜29歳	30〜34歳	35〜39歳	40〜44歳	45〜49歳	50〜54歳	55〜59歳
2022年	2.6%	1.6%	1.7%	[1.1%]	[1.3%]	1.9%	2.4%
2018年	na	na	na	[2.0%]	0.8%	1.1%	1.7%
2015年	2.2%	1.5%	[1.3%]	na	na	na	na

出所
2022年：令和4年度　こども・若者の意識と生活に関する調査（内閣府）
2018年：平成30年度　生活状況に関する調査（内閣府）
2015年：平成27年度　若者の生活に関する調査（内閣府）
をもとに筆者作成

社会から孤立した長期無業者に対する支援事業が含まれることが多いのだが、そうした人は就職氷河期世代に特に多いのだろうか。

まず、ひきこもりについては、2015年、2018年、2022年に内閣府の行った調査結果が公表されている。この結果をもとに、人口に占める広義のひきこもりの割合を計算しなおしてまとめたのが表4－1だ。

広義のひきこもりとは、「普段どのくらい外出しますか」という問いに「趣味の用事の時だけ外出する」「近所のコンビニなどには出かける」「自室からは出るが、家からは出ない」「自室からほとんど出ない」と回答し、その状態が6カ月以上続いている人のことだ。ただし、病気の人、妊娠中の人、育児・介護・家事に主に従事していて家族以外の人と会話がある人、自宅で仕事をしている人は除く。

表4－1で太字にした、2015年の35～39歳、2018年の40～44歳、2022年の40～44歳と45～49歳が就職氷河期世代に該当する。調査のサンプルサイズがそれほど大きくないため数値にぶれがあり、2022年調査では調査方法に変更があったため異なる年度の調査の比較には慎重になる必要があるが、前後の世代と比べて特に就職氷河期世代において広義のひきこもりが多いという印象はない。表4－1を見る限り、ひきこもりは就職氷河期世代に特徴的な問題というわけではないように見える。

ひきこもりと似て非なる概念に孤立無業者（SNEP《スネップ》）がある。玄田（2013）は、孤立無業者を「20歳以上59歳以下の在学中を除く未婚無業者のうち、ふだんずっと一人か、一緒にいる人が家族以外にはいない人々」と定義している。玄田（2013）が「社会生活基本調査」を用いて推計した、年度と年齢階級別の孤立無業者数を、国勢調査からとった世代人口で割って作成したのが図4－6だ。

こちらを見ると、広義のひきこもりと異なり、はっきりと若い世代ほど孤立無業者が多くなっていることがわかる。1966～70年生まれはおおむねバブル世代、1971～75年生まれは大卒なら氷河期前期世代、1976～80年生まれは高卒なら氷河期前期

図4-6　人口に占める孤立無業者割合

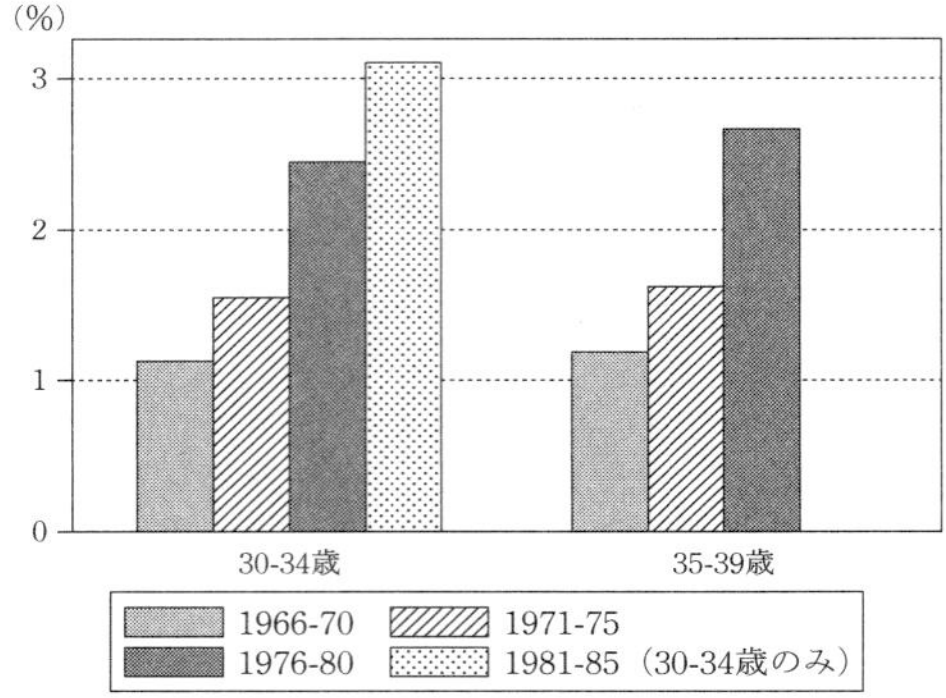

出所：玄田（2013）の図2-2と2020年国勢調査をもとに筆者作成

世代、大卒なら氷河期後期世代、そして1981～85年生まれは氷河期後期からポスト氷河期世代に相当する。この範囲では、若い世代ほど、30代時点での孤立無業者の割合が高くなっている。

広義のひきこもりと孤立無業者、どちらも家族以外との接点が少ない無業者であり重なる部分が大きいはずだが、明らかに傾向が異なっている。両者の定義上の違いはいろいろあるが、玄田（2013）によれば孤立無業者も外出頻度は低いため、外出頻度を定義に用いていることが広義のひきこもりと孤立無業者の差の源泉であるとは考えにくい。

それよりも、本人の病気や家族の介護の扱いの違いが大きいのではないかと筆者は推測する。

広義のひきこもりは、もっぱら家事に従事する専業主婦は除くが、既婚者そのものは除外しない。一方、介護や本人の病気により外出が難しい人は除外されている。これに対して、孤立無業者は未婚者に限定されるものの、家族の介護や本人の病気により働けない人も含んでいる点がひきこもりとの大きな違いなのではないか。図４－６は30代時点の数字なので、まだ親の介護に直面する割合は高くないかもしれないが、病気により仕事を辞めた後に孤立無業となった人が広義のひきこもりにカウントされていないのならば、両者の差のある程度はそこで説明できるのかもしれない。

この推測がある程度正しいならば、内閣府の調査で定義される「広義のひきこもり」にはあてはまらないものの病気や家族の介護により孤立無業状態となる人は、就職氷河期世代以降、確かに増えているのだろう。ただし、就職氷河期世代だけでなく、もっと若い世代でもさらに増えている可能性がある。また、図４－６で同じ世代の30代前半と後半を比べるとほとんど割合に動きがないことから、ニートと同じく、年齢を重ねても減っていかないであろうことも予測される。

下側に広がる格差と将来への懸念

ここまで、データで示してきたことを改めてまとめると、就職氷河期世代以降、所得格差は拡大傾向にある。それも、所得の高い人がより高所得になっているのではなく、所得分布の下位層の所得がさらに下がることによって格差がひろがっている。ポスト氷河期世代以降の世代でも格差が縮小する兆しは見られていない。さらに、ニートや孤立無業者といった、社会との接点に乏しい無業者の人口に占める割合は増加しており、正規雇用の職に就いておらず親と同居する未婚者の割合も増えている。彼ら彼女らの多くは親に経済的に依存していると考えられることから、親世代が高齢となり経済的支援を受けられなくなると生活が立ち行かなくなるという懸念がある。

また、卒業後15年程度で世代間の差がなくなっていった就業率や正規雇用比率と異なり、ニートや孤立無業者はその世代の年齢が上がっても減っていかないこともわかった。かつて若年雇用問題の枠組みの中で語られていた無業者は、もはや若年特有の問題ではない。氷河期前期世代が50代に差し掛かり、親世代が高齢となって経済的支援を受けられなくなり困窮する中高年無業者の問題は、すでに顕在化しつつある。

最後に一つ、あえて強調したい点がある。本書は就職氷河期世代を中心に見ているのでバブル世代より上の世代の動向は見ていない。データの制約上、１９８０年代前半以前には遡れないので、就職氷河期をきっかけとしてニートや孤立無業者が増え始めたのか、実はもっと前から増え始めていたのかはわからない。しかし図４－５の生活不安定者を見る限り、バブル世代である１９６０年代生まれから増加は始まっているように見える。

若年無業者の問題が認識されるようになったのが２０００年代であるため、当時若年だった就職氷河期世代のことを扱った文献はたくさんあるのだが、それ以前の世代における若年無業者の実態については先行研究でもよくわかっていない。就職氷河期がこうした問題の起点であるかどうかはわからない以上、アベノミクス以降の売り手市場を経験した現在の20代が中高年になった時、中高年無業者の割合が増えるか減るかは予測ができない。

若年期の景気との因果関係がわからない点に留意すべきではあるが、就職氷河期世代以降、将来の生活が懸念される無業者の割合が増えているのは確かである。従来の若年無業者対策は、経済的自立を目指す就労支援が中心だ。それ自体は、若年のうちに無業状態から脱することで将来の中高年無業者の増加を抑える効果があるだろう。年齢によらず、就労意欲のある無業者に対する職業訓練や斡旋《あっせん》などの就労支援は継続して実施すべきだ。しかしその一方で、年齢相応の職務経験を積むことなく40代、50代になってしまった長期無業者の多くにとって、就労による経済的自立は現実的な目標だろうか。

終章で改めて詳しく論じるが、経済的に自立できないまま高齢期を迎える層が一定数いることを受け入れて、福祉の拡充を具体的に検討し始めなければならない段階に来ているのではないだろうか。

〈第4章　まとめ〉

●就職氷河期世代以降、所得分布の下位層の所得がさらに下がることによって、世代内の所得格差が拡大する傾向にある。

●ニートや、親と同居する無業者・非正規雇用者、孤立無業者など、特に厳しい状況に置かれている人の割合は若い世代ほど増えており、年齢が上がっても減っていない。

●若年期の景気との因果関係はわからないが、就職氷河期世代以降、将来の生活が懸念される無業者の割合は増えている。

第5章　地域による影響の違いと地域間移動

本章では、地域による就職氷河期の影響の差や、就職氷河期が若年期の地域間移動に与えた影響を見ていく。バブル経済崩壊の影響自体、日本全国で均一ではなく、就職氷河期の影響にも地域差があっても不思議ではない。しかし、就職氷河期世代を扱った書籍や論文で地域差を扱ったものは、筆者の知る限りほとんどなかった。また、高校卒業時点の経済状況は、進学や就職を通じた地域間移動にも影響しうるが、就職氷河期が若年の地域間移動にどう影響したのかもほとんど知られていない。就職氷河期世代に特徴的な動きだけでなく、より若い世代を含めた趨勢も含めて、若年層の地域間移動の推移を見ていく。

対照的な近畿と東海

まず、就職氷河期を招いた不況そのもののインパクトが、地域によってどの程度違っていたのかを見てみよう。図5－1は、地域別の失業率を、比較的人口が多い首都圏、東海、近畿の3地域と、それ以外の地域の平均値に分けてグラフにしたものだ。どの地

図5-1　地域別完全失業率の推移

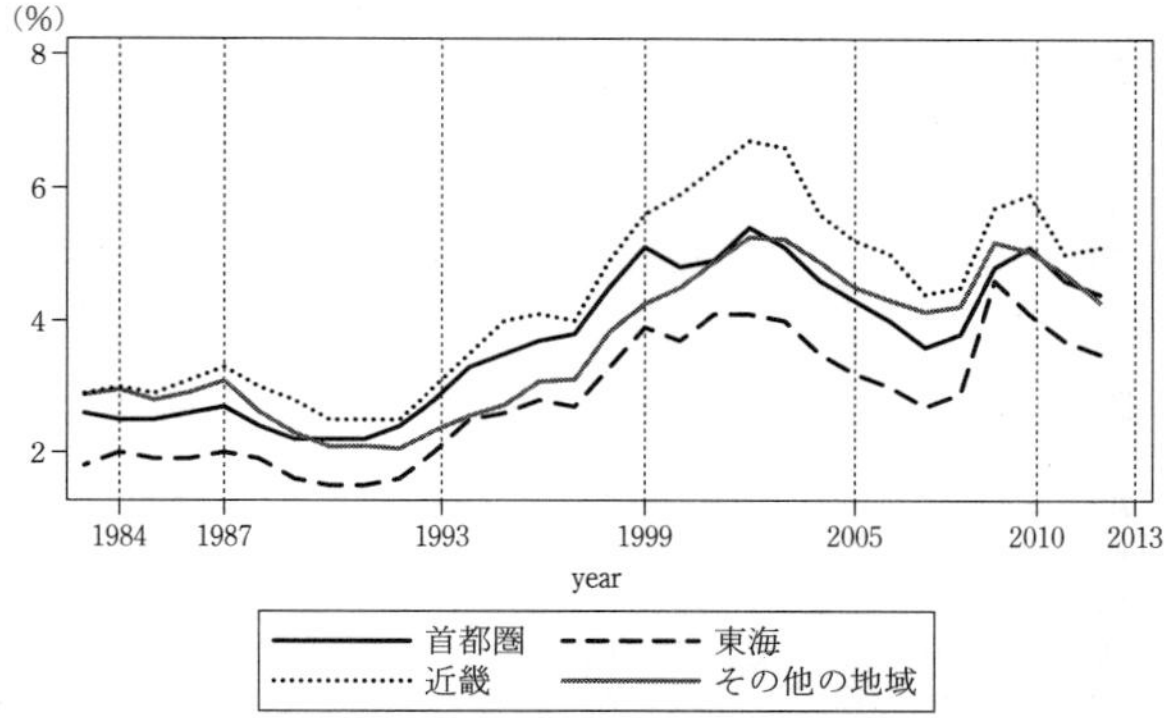

出所：労働力調査年報

注
首都圏は埼玉県・千葉県・東京都・神奈川県、東海は岐阜県・静岡県・愛知県・三重県、近畿は滋賀県・京都府・大阪府・兵庫県・奈良県・和歌山県。

域も、1987年から91年ごろにかけてのバブル景気のころは失業率が下がり、バブルがはじけた92年ごろから失業率が上昇して2000年代初頭にピークを迎えて、2000年代後半にいったん下がった後リーマンショックで再度上昇する、という大まかな動きは同じである。だが、変化の大きさや、そもそもの失業率のレベルには地域によってかなりの違いがあるのがわかる。

中でも、日本第2と第3の都市圏である近畿地方と東海地方は対照的だ。87年以前から、東海地方は他の地域より失業率が低く、近畿地方とは1%ポイントほどの差があった。その後、バブル崩壊後の失業率の伸びも東海地方は他の地域に比べると緩やかだった一方、近畿地方は特に１９９９年以降の上昇が大きく、２０００年代初頭のピークの時点では2%ポイント以上の開きがあった。ピークを越えた後も、近畿地方は他の地域に比べても失業率が高いまま推移しており、バブル崩壊後の不況の影響がより深刻だったと言ってよい。

首都圏は、近畿地方と東海地方の間で推移しており、おおむね「その他の地域」と同じくらいの水準である。ただし、首都圏は、「その他の地域」に比べるとバブル崩壊直後の失業率上昇のタイミングが早く、ピークを越えた後の回復もやや早い。3大都市圏を含まない「その他の地域」と首都圏の動きが似ている一方で、東海地方と近畿地方が両極端の動きをしており、単純に大都市圏と地方といった対比はできないことがわかる。

不況そのもののインパクトの違いから、就職氷河期世代に与えた影響も、近畿地方が最も深刻であり、東海地方は比較的影響が小さいことが予想される。第1章の図1－4と同じ要領で、首都圏、近畿、東海、その他の地域のそれぞれで、コーホートごとの正規雇用比率や年収の84年卒からの乖離を計算してみた。煩雑になるので図表は割愛するが、バブル世代と就職氷河期世代の格差は、近畿地方では他の地域より大きく、東海地方では小さい傾向が確認できた。

一方、失業率の推移が似ていた首都圏とその他の地域の間には、多少の違いが見られた。まず、大卒男性を見ると、首都圏ではバブル世代と就職氷河期世代の年収格差は比較的小さい一方で、正規雇用比率の格差は首都圏のほうがその他の地域より大きかった。高卒男性は首都圏とその他の地域の間に目立った差はなく、大卒だけに傾向の違いが見られたのは興味深い。推測ではあるが、新卒採用で大卒を主に採用するような大企業が首都圏に多く存在し、そうした企業が採用数は減らしたものの給与はあまり下げなかったため、こうした違いが生じたのかもしれない。

女性に関しては、既婚率や既婚女性の就業率にも地域差があり、それが世代とともに変化しているため解釈が難しくなるが、男性ほど東海と近畿の差ははっきりしておらず、首都圏とその他の地域の動向を含めて、系統だった地域差は確認できなかった。

若年男性の就業・年収の地域間格差の変化

切り口を変えて、卒業後しばらくしてからの就業状態や年収の地域間格差が、世代によってどのように変化してきたかを見てみよう。図5－2は、高卒と大卒の男性について、卒業後7～9年目における、首都圏・東海・近畿の各地域とその他の地域の差を図

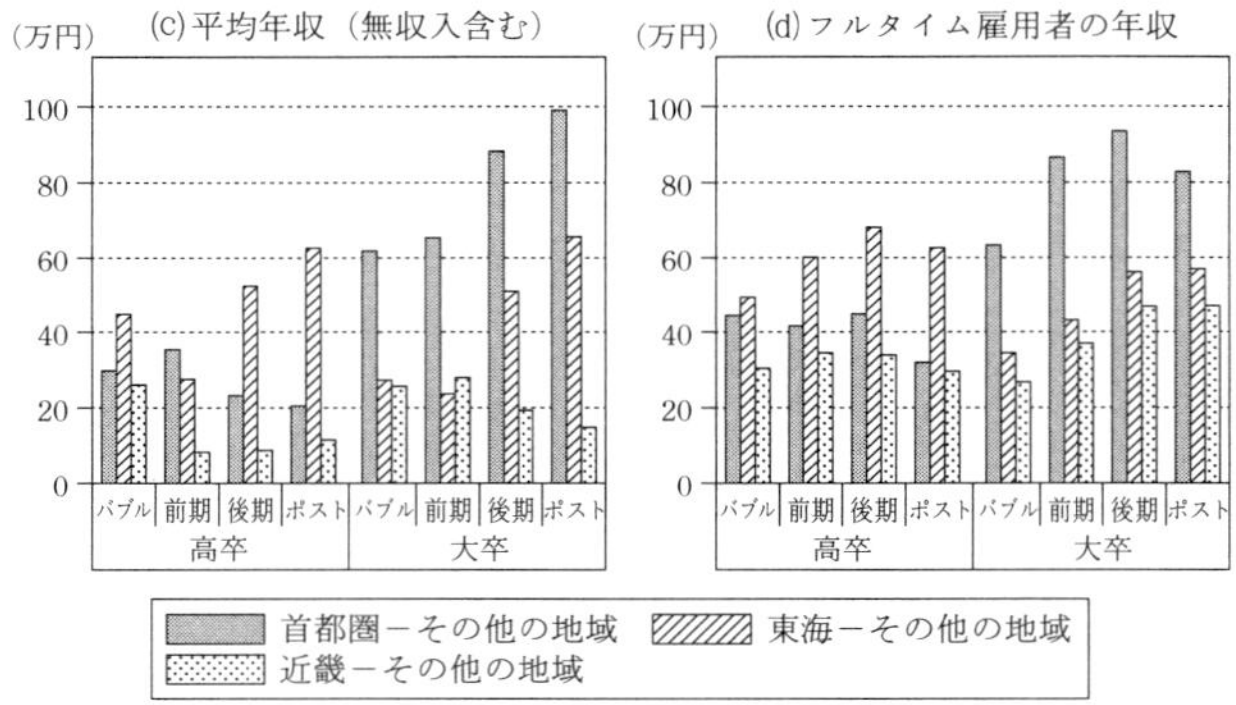

出所：労働力調査、賃金構造基本統計調査より筆者作成

示したものだ。これまで出てきた他の図同様、バブル世代、氷河期前期世代、氷河期後期世代、ポスト氷河期世代の4つの世代の男性の、就業率、正規雇用比率、無収入の人を含む平均年収、フルタイム雇用者の平均年収の4つの指標について、それぞれグラフにした。

図5－2(a)の就業率や同じく(b)の正規雇用率については、東海地方がその他の地域の平均よりやや高く、近畿地方は低く、首都圏の高卒は低いが大卒はあまり変わらない、といった固定的な地域差はある。しかし、世代間の変化を見ると、多少の増減はあるものの、はっきりした傾向は読み取れない。東海地方の若年男性の就業率や正規雇用率が高いのは、製造業の工場が多く、高卒ブルーカラーの雇用機会がその他の

図5-2　学卒年で分けた世代別地域差（男性・卒業後7-9年目）

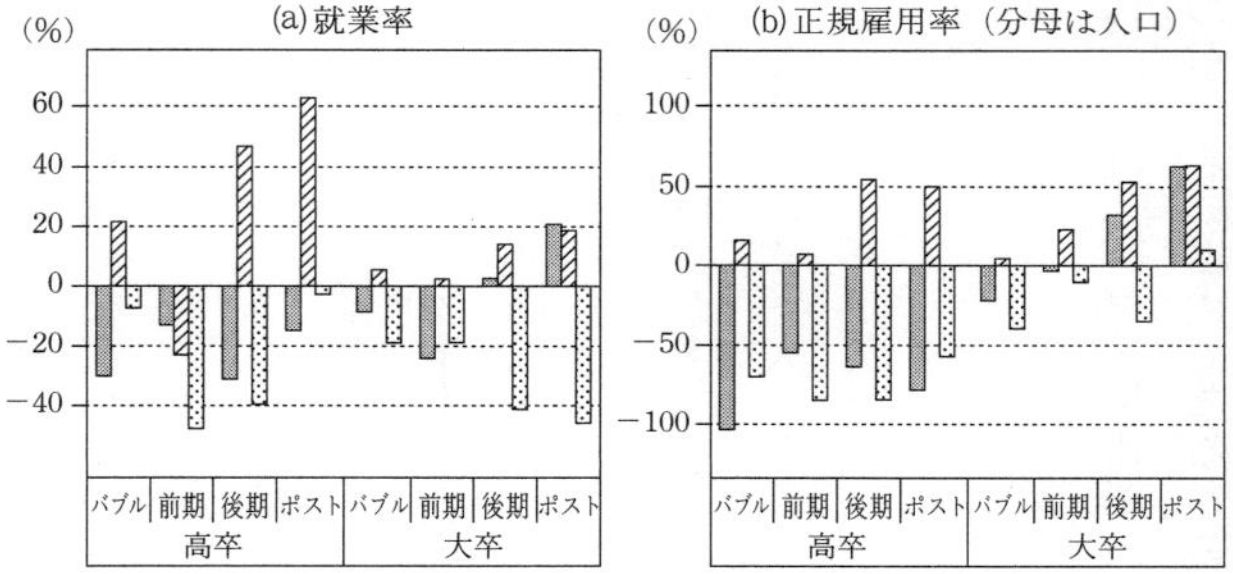

地域より多いためだろう。首都圏や近畿の高卒の正規雇用比率がその他の地域に比べて特に低いのは、大学進学率が高く高卒で就職する割合自体が小さいことや、非正規の雇用機会が多いことを反映していると考えられる。いずれも就職氷河期をきっかけに変化したようには見えない。

一方、図5－2(c)の平均年収については、都市部とその他の地域を比べると都市部のほうが高い。このこと自体は物価水準の差などを反映したもので、高卒は東海地方が、大卒は首都圏が特に年収が高いという傾向は固定的である。しかし就業率と異なり、首都圏や東海地方とその他の地域との年収格差は、バブル世代よりも就職氷河期世代、中でも氷河期後期世代で拡大する傾向が読み取れる。(d)のフルタイム雇用者の年収では、(c)の無収入を含む平均年収よりもさらにはっきりと、都市部とその他の地域の年収格差が拡大する傾向が見られる。

また、無収入を含む平均年収の地域差はポスト氷河期世代でさらに拡大する傾向があるのに対し、フルタイム雇用者の年収格差は少し縮小している点も興味深い。この時期に都市部の就業率や正規雇用比率が相対的に上がったわけではないので、ポスト氷河期世代では非正規雇用者の年収の地域差が拡大した可能性が示唆される。

このように、就業率や正規雇用比率にははっきりした傾向がないのに、年収の地域差だけが就職氷河期世代で拡大した理由は、はっきりとはわからない。この時期の消費者物価地域差指数の大都市と全国平均の差は目立って変化しておらず、物価の地域差が拡大していたわけではなさそうだ。一つ考えられるのは、大企業の正社員の賃金体系が硬直的であるため、大企業の多い都市部の、特にフルタイム雇用者の賃金が相対的に下がりにくかった可能性だ。

なお、女性についても同じ図を描くことはできるが、女性の場合、既婚率の変化にも地域差があり、これが就業率や正規雇用率にも影響してしまうため、解釈が難しくなる。具体的には、バブル世代では首都圏や近畿地方で女性の既婚率が全国平均に比べ高かったのが、若い世代になると差がなくなったり逆転したりする一方、東海地方だけはもともと全国平均よりも高かった既婚率が若い世代でさらに相対的に上昇しているのだ。このため図５－２は男性のみに限定したが、既婚率の影響を受けにくいフルタイム雇用者の年収については、男性同様、氷河期後期世代で格差が最大になる傾向が見られた。

地域間移動の動向

就職氷河期は近畿地方でより深刻であり、東海地方は相対的に影響が小さかった。このように地域間で雇用状況に差がある時、雇用状況の比較的良い地域へ移動するような流れは起こっていたのだろうか。

仮に地域間の移動に伴うコストがゼロであれば、雇用状況の良い地域へ失業者が移動し、労働需給の地域間の差が均《なら》されていくはずである。しかし現実には、遠い地域へ移動する際には、引っ越しに伴う金銭的な負担だけでなく、人間関係が断ち切られるなどの非金銭的なコストも発生する。このため、差が完全になくなるほどの移動は起こらない。

実際にデータを見てみると、20代以降の移動確率は、世代によってそれほど大きな違いはなさそうだ。「就業構造基本調査」には過去の居住地について詳しく訊いた設問があり、これを用いて都道府県間移動や地域間移動（北海道・東北・南関東・北関東甲信・北陸・東海・近畿・中国・四国・九州の10地域間の移動）の経験の有無がわかる。このデータを見ると、20代で都道府県間移動や地域間移動をした人の割合は、バブル景気世代からポスト氷河期世代まで、はっきりした変化の傾向は見て取れない。20代、つまり就職した後の地域間移動は、就職氷河期で増えも減りもしていない。

では、就職する前の、高校卒業のタイミングでの移動はどうだろうか。日本社会で、若者が地理的に移動する理由として最も多いのは、高校卒業後の進学や就職だ。こちらについても、地域間の移動に伴うコストが無視できるならば、雇用状況の良い地域へ若者が移動していく傾向が見られるだろう。高卒者の大学進学と就職については、それぞれ詳しいデータが公表されているので、以降で詳しく見ていこう。

大学進学に伴う地域間移動の傾向

まずは大学進学の際の地域間移動について見てみよう。図5－3は、男女別の大学進学率、他の都道府県の大学への進学率、そして全国を北海道・東北・南関東・北関東甲信・北陸・東海・近畿・中国・四国・九州の10地域に分けた場合の他地域の大学への進

図5-3　男女別進学率などの推移（分母は高校卒業者）

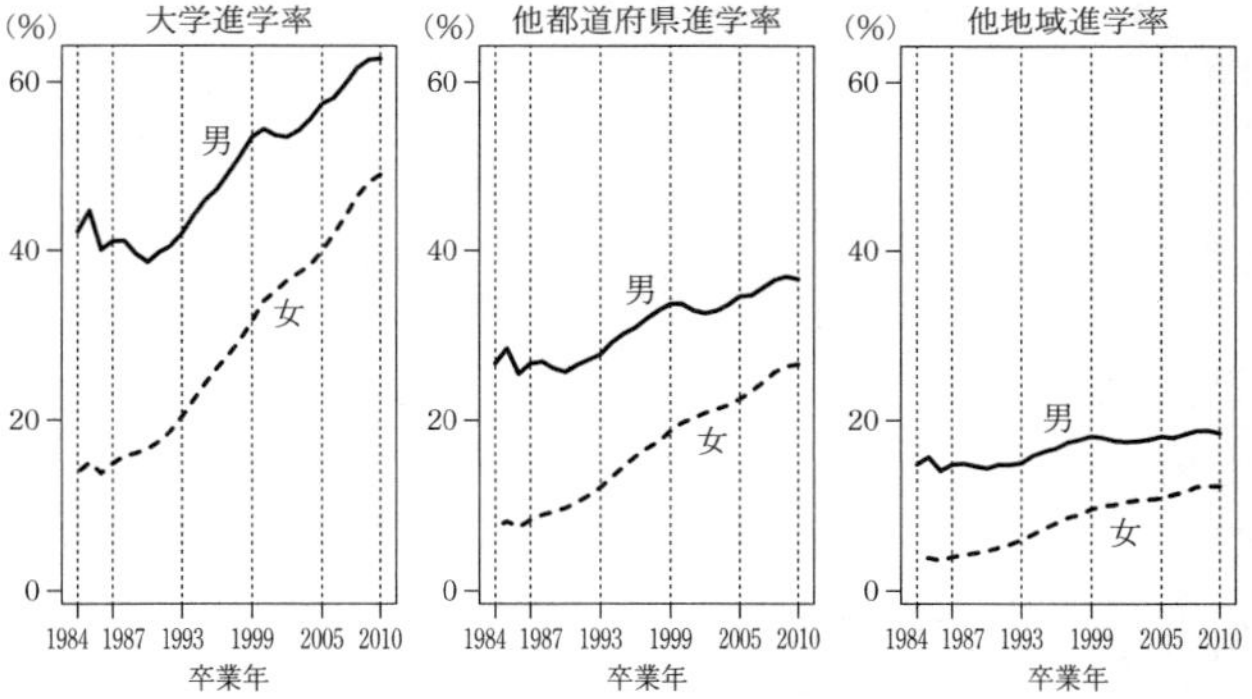

出所：学校基本調査より筆者作成

学率の推移をグラフにしたものだ。横軸は高校卒業年で、タテの点線はこれまでの図と同じく、世代の境目に相当する。

これを見ると、大学進学率が男女ともに大きく上昇しているので、他都道府県進学率や他地域進学率も、高校卒業者全体を分母にすると上昇している。とりわけ女子の増加幅が大きい。とはいえ、他地域の大学に進学するのは男子でも2割程度、女子は最近の世代でも1割強にとどまっている。また、大学進学率の伸びに比べると他都道府県進学率や他地域進学率の伸びは小さい。ここから、進学者に占める他県や他地域へ進学する人の割合は減り、同じ県や地域に進学する人が大きく増えていたことがうかがえる。

図5-4　大学進学者に占める他地域進学率の推移

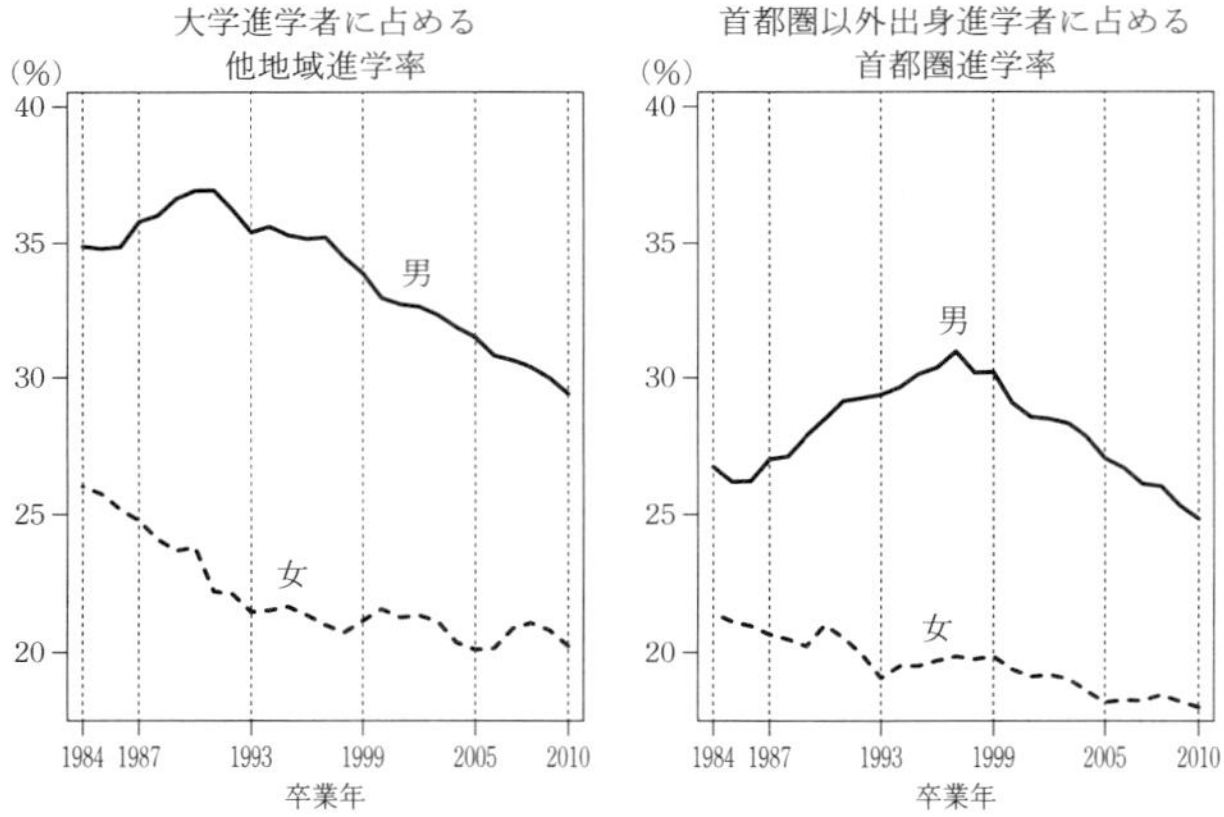

出所：学校基本調査より筆者作成

この点をよりはっきり見るために、大学進学者に占める他地域進学者の割合を図示したのが図5－4だ。左側は大学進学者全体に占める他地域進学者の割合で、右側は首都圏以外の地域の高校から大学進学する者に占める首都圏の大学への進学割合だ。全国の18歳人口に占める首都圏在住者の割合が年々上昇しており、全国区で受験生を集める大学は首都圏に集中しているため、首都圏出身の割合が増えるとそれだけで他地域進学率が下がっていく。右側の図は、その影響を取り除くための試みである。

興味深いことに、男女で若干傾向が異なっている。男子の他地域進学率は、バブル期に若干上昇したのち氷河期前期くらいまでは35％前後で推移し、1990年代末から減り始めている。首都圏以外の地域出身の進学者に占める首都圏進学率も、1990年代初めまで上昇したのち30％前後で横ばいになり、やはり1990年代末から下がり始めている。親世代の収入減が深刻になってきたのは1997年後半の金融危機以降であることとあわせて考えると、親が生活費を工面できずに地元への進学割合が増えた可能性が示唆される。

一方、女子のほうはむしろ1980年代後半に大きく下がって、その後は横ばいかやや減少傾向になっている。バブル期に他地域進学率が大きく下がった理由はよくわからない。もともと大学が集中しており他地域に進学する高校生が少ない首都圏で、全国に先行して女子の大学進学率が上昇したのかと思い地域別の進学率を調べてみたが、むしろバブル期は首都圏の女子の進学率が停滞し、その他の地域との差がいちばん縮まった時期であった（その後90年代後半に再度拡大）。いずれにせよ、就職氷河期以降の他地域進学率に上昇傾向が見られない点は男子と共通している。

また、2000年代半ばの景気回復期でも、男女いずれの他地域進学率にも回復傾向が見られない点も興味深い。図5－3に戻ってみると、特に男子の他地域進学率は頭打ちの傾向にあるのに対して、分母である大学進学率は２０００年代半ばに男女ともまた一段と上昇していることから、他地域の大学に進学するような層はすでに大学に進学するようになってしまっており、新たに大学に行くようになった層は地元志向が強いといった質の変化が生じているのかもしれない。あるいは、親世代の経済状況が、２０００年代半ばの景気回復期にそれほど回復しなかったのかもしれない。

このように、全国的に見た傾向としては、高校卒業者全体に占める他地域への進学者の割合は増えているものの、それは進学率が上昇したためで、進学者に占める他地域への進学割合は、氷河期後期以降は下がっていた。では、同じ時期の他の地域に比べて相対的に景気が悪いと、その地域から他の地域に移動する傾向は強まるのだろうか。つまり、大学進学をきっかけとして、より失業率の低い地域に移動する傾向はあるのだろうか。

この点を検証するため、各都道府県の各世代の、高校３年時点での地域失業率と大学進学率や他地域進学率の相関を見てみた。同じ時期の他の地域に比べて相対的に景気が悪い（厳密には地域固定効果と全国共通年効果を制御したうえで失業率が高い。詳しくは近藤２０２４参照）と、男子の進学率や他都道府県進学率は上昇し、女子の進学率は変化しないが他都道府県進学率は上昇する傾向があった。すなわち、大学進学をきっかけとして、より失業率の低い地域に移動する傾向はあるという結果になった。

ちなみに、高校卒業時点の景気は大学進学率自体にも影響しうるが、2つの逆向きの力がはたらく。ひとつは、高卒時点での就業機会が少ないため、就職を先延ばしにしようと進学率が上がる効果、もうひとつは、進学費用が工面できずに進学率が下がる効果である。1990年代から2000年代にかけての日本では、前者の、就職を先延ばしにしようと進学率が上がる効果のほうが、特に男子では勝《まさ》っていたことがうかがえる。

高校卒業後の他都道府県での就職動向

今度は、高校卒業後に就職する高卒就職者の、他都道府県への移動の動向を見てみよう。図5－5の左側は高校卒業者に占める就職者割合、右側は高卒就職者に占める他都道府県就職者割合である。

高校卒業者に占める就職者割合は1980年代から2000年ごろまで、一貫して下がり続けていた。バブル景気の始まった1987年ごろには女子の4割、男子の3分の1くらいが高校卒業後すぐに就職していたが、就職氷河期の後半に差し掛かる1999

図5-5　高卒就職者の傾向推移

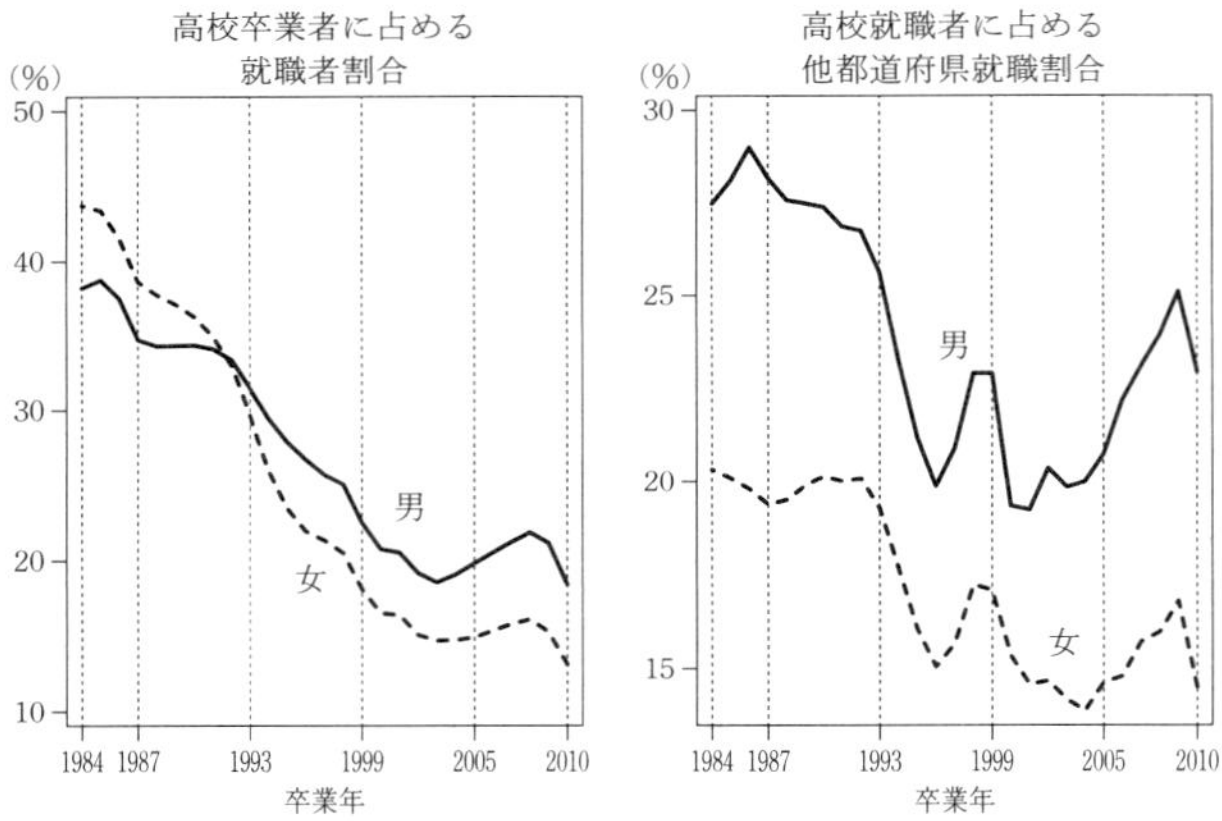

出所：学校基本調査より筆者作成

年には女子は2割弱、男子は2割強にまで減っている。男子のほうがやや下がり方は緩やかだが、特に就職氷河期の前半である1993〜1999年ごろに急激に下がっている傾向は男女で共通している。

　ところが、2000年代に入ると下げ止まり、2000年代後半には若干ながら増加している。図5－3に示したように、2000年代前半に男子の大学進学率はやや停滞していたが、それだけで説明できるような変化ではない。大学進学と就職以外の進路としては、専門学校など大学以外の学校に進学するか、アルバイトや無職になるかだが、そのいずれか、あるいは両方が減っていたことが示唆される。女子については短大進学者が大幅に減少していた時期でもあり、大学進学率は上昇し続けている点が男子と異なるが、高卒就職率が2000年代に入って急に下げ止まった点は男子と変わらない。

そして高卒就職者に占める他の都道府県に就職した割合の動向も、大学進学の他都道府県や他地域進学率とは異なっている。図5－5の右側のグラフを見ると、男女とも他都道府県就職者の割合は、就職氷河期の初めに急激に下がり、1998、99年ごろに一旦上昇した後、2000年代初めに再び下がって底をつき、2000年代後半には上昇するという、Wのような形になっている。特に男子のほうが、よりその傾向がはっきりしている。他の都道府県ではなく他地域への就職で同じグラフを作っても、他地域就職者割合自体が低い点を除けば似たような傾向になる。

98年卒で他都道府県就職割合が上がっているのは他の都道府県に就職する人が増えたためで、その理由はわからないが、99年卒は他都道府県就職者数以上に自県内に就職する数が減ったためで、他都道府県就職者数が増えていたわけではない。この2年間の出っ張りを除けば、就職氷河期はその前後の時期に比べて、高卒就職をきっかけとした地域移動が少なくなっていた時期だと言える。

その一方で、各都道府県の各世代の、高校3年時点での地域失業率と高卒就職率や他都道府県就職割合の相関を見てみると、意外な結果になった。同じ時期の他の地域に比べて相対的に景気が悪い（厳密には地域固定効果と全国共通年効果を制御したうえで失業率が高い。詳しくは近藤2024参照）と、男女とも就職率は下がり他都道府県就職率は上がる。図5－5の時系列グラフとは一見矛盾した結果になっている。

この矛盾は、全国的に景気が悪くなると、他の地域に行っても就業機会がないことに変わりがないが、他の地域に比べて自分の地元が相対的に悪いのであれば、他の地域に動くことで就業機会が増え他都道府県就職率が上がる、ということで一応説明は可能である。ただし就職氷河期のように全国的に景気が悪い時期は、どの地域でも、高卒で就ける仕事が少なくなるだけでなく、条件も悪くなる。高校までは大多数が親と同居していることを考えると、一人暮らしができるくらいの収入が得られる雇用機会が減ると、他の都道府県や地域での就職がとりわけ減るということなのかもしれない。

〈第5章　まとめ〉

●就職氷河期のインパクト自体に地域差があった。

●地域間の賃金格差は就職氷河期に拡大し、特にフルタイム雇用者で顕著だった。
●18歳時点の地域間移動自体は減少傾向にあるが、その時の居住地が他の地域に比べて相対的に景気が悪いと、他地域進学も他の都道府県就職も増える。

終　章　セーフティネット拡充と雇用政策の必要性

本書では、1993年から2004年の間に学校を卒業した就職氷河期世代を中心に、その前後の世代も含めて、雇用や年収の推移や家族形成、世代内の格差や地域間移動などを概観してきた。女性に関しては、出生率の下げ止まりや出産後の就業継続率の上昇など、上の世代よりも良くなっている部分もあったが、男性の年収や世代内格差については、氷河期をきっかけに生じたネガティブな変化が、ポスト氷河期以降の世代でも続いている傾向が見られた。

就職氷河期世代、特に後期世代が、すぐ上のバブル世代に比べて、卒業後長期にわたって雇用が不安定で年収が低いことは、従来から繰り返し指摘されてきた。これに加えて、氷河期世代より下の世代も、景気回復期とされる2000年代後半に卒業した世代も含めて、雇用が不安定で年収が低いままであることもわかった。90年代からの不景気は、単なる景気循環を超えて、労働市場に構造的な変化をもたらした可能性が高い。

この終章では、本書の内容の中でも特に、経済的に親に依存する層の拡大や、若年期の不安定雇用がもたらす老後の生活不安に焦点を当てて、現に顕在化しつつあり、今後ますます深刻化していくであろう問題について論じる。そのうえで、これから取りうる対策について、すでに失われてしまった人的資本蓄積機会への対応としてのセーフティネットの拡充と、これ以上の喪失を防ぐための雇用政策に分けて考えていこう。

親世代の高齢化による生活の困窮

第4章では、就職氷河期世代で所得分布の下位層の所得がさらに下がり、ポスト氷河期世代以降も下位層の所得が上がらないことによって、所得格差が拡大傾向にあることを示した。とりわけ、ニートや孤立無業者といった社会との接点に乏しい無業者や、正規雇用の職に就いておらず親と同居する未婚者の割合が、就職氷河期世代以降の世代で増加している。その多くが親に経済的に依存していると考えられ、親世代が高齢となり経済的支援を受けられなくなると生活が立ち行かなくなる。氷河期前期世代にあたる団塊ジュニア世代では、すでに問題は顕在化しはじめており、より一層雇用状況が厳しかった氷河期後期以降の世代の親が後期高齢者となるころには、さらに増えていくことが懸念されている。

もちろん、第1章で見たように、就職氷河期世代であっても、男性の大半は正規雇用の職に就いている。また、第3章で見たとおり、女性に関しては、上の世代よりはキャリアと家庭の両立がしやすくなっている面もあるだろう。しかし、第4章で具体的な数値を挙げて示したとおり、経済的に自立できていないと思われる層が世代人口全体の数%を占めているのも事実だ。序章で就職氷河期世代は約2000万人と書いた。そのうちの数%であるから、数としては数十万人、あるいは百万人を超えているかもしれない。

8050問題という言葉がある。80代の親と50代のひきこもり状態の子供からなる世帯が、しばしば経済的に困窮したり社会的に孤立したりすることを指す。ひきこもり状態の子供の生活の面倒を見ていた同居の親が高齢となって、介護が必要となったタイミングで支援につながるケースも多いが、最悪の場合は、要介護となった親も社会的に孤立した子供も公的な支援につながれないまま、孤立死する事件も起きている。

8050問題そのものは、就職氷河期世代が50代になるより前から指摘されてきた問題だし、狭義にはあくまでも、高齢に至るまで公的支援を受けられずにいるひきこもりの子供とその親の問題だ。しかし、ひきこもり状態のようにすぐに福祉の介入が必要という段階には至っていなくても、未婚の低所得者で、実家住まいで住居と食事を親から提供されて何とか生活が回っている、といった状態の人は、就職氷河期世代以降の世代で確実に増えている。人口の多い団塊ジュニア世代が50代を迎え、狭義の8050問題への社会的関心が高まるとともに、親に経済的に依存している未婚の低所得者の問題が、いわば広義の8050問題として取り上げられることも増えてきている。

一方で、狭義の8050問題をはじめとする社会的孤立の問題と、親に経済的に依存している未婚の低所得者の経済的自立の問題は、重なる部分も大きいものの、対策としては区別して考える必要があると思う。親に経済的に依存している未婚の低所得者のかなりの割合が、収入は低くても就業はしている。彼らに有効なのは、より収入の高い仕事へステップアップするための職業訓練や、介護サービスや公営住宅などの現物給付を含む金銭的支援だ。一方、ひきこもり状態の人や長期にわたって孤立無業状態にある人には、まずは社会とのつながりを取り戻すためのきめ細やかな支援が必要であろう。

どちらの支援も必要だが、対象となる層も取るべき対応も別物である。それにもかかわらず、親に経済的に依存している未婚の低所得者の経済的自立の問題を論じる際に、なぜか長期無業者を念頭に置いた社会参加に関する議論に話題がすりかわっていきやすい。数十万人を対象とした金銭的支援となると、どうしても財源の問題が避けられないため先送りされやすい、と考えるのは邪推だろうか。

既存の社会保障の枠組みでは、就業はしているが所得が十分でない者に対する再分配がほとんどない。高齢でもなく障碍《しょうがい》もない場合、生活保護以外の制度がないのだ。非正規雇用から失業した場合、雇用保険の失業給付金も十分にはもらえないことが多い（酒井2020）。2011年より施行されている求職者支援法は、この点の緩和を目指したものであるが、あくまで職業訓練の受講を容易にするための制度であり生活保障として十分とは言えない。生活保護基準にはぎりぎり入らないような、最貧困層のすぐ上の所得階層にいる現役世代に対するセーフティネットが薄い。このことは、2000年代に「ワーキングプア」という言葉が流行した時にすでに指摘されていたが、この20年でほとんど改善されていない。

低年金・低貯蓄からくる老後の困窮

もうひとつ、将来大きな問題となると懸念されるのが、低年金・低貯蓄に起因する老後の困窮だ。現在は経済的に自立できている人の中にも、将来のための貯蓄をする余裕はないというケースも多いだろう。それに加えて、これまで無業や非正規雇用だった期間が長いほど、払い込んできた厚生年金保険料が少なく、その分将来支給される老齢厚生年金の額も少なくなる。要するに、現役時代の収入が低いともらえる年金も少なくなるのだ。

日本の社会保険制度が逆進的であるという指摘は従来からなされてきた（例えば酒井２０２０）。２０１６年までは、パートタイム労働者は、週あたりの所定内労働時間が正社員の３分の４（おおむね30時間）以上でなければ被用者保険（会社で入る健康保険）の加入対象ではなかった。勤め先の社会保険に入れない場合は、国民健康保険や国民年金に加入する必要があるが、雇用主負担分がないため、国民健康保険のほうが被用者保険よりも、同じ所得の人が払う保険料が高い。

国民年金保険料も所得によらず定額であるため、所得が低いほど負担率が高くなる。しかも、現役時代に国民年金にしか加入していないと、将来もらえる年金額は加入期間のみに依存して決まる老齢基礎年金のみになる。２０２４年現在の老齢基礎年金支給額は、40年以上加入していた人で月額６万６２５０円である。基礎年金だけではとても生活できないことがわかるだろう。厚生年金に加入していた時期がある場合は、その期間の長さや報酬額に応じて老齢厚生年金が加算される。報酬額が高ければ天引きされる年金保険料も高くなるので、その分老齢期にもらえる年金も増えるという仕組みだが、これは現役時代の所得格差が老齢期にそのまま持ち込まれるという作用も持つ。

なお、厚生年金の加入対象は２０１６年以降、所定内労働時間が週20時間以上で月額賃金が8万８０００円以上の労働者へ段階的に拡大されており、おそらく今後は、他に主たる生計者のいない非正規雇用者の大半は厚生年金に入ることになる。これは大きな前進だが、２０１６年時点ですでに氷河期後期世代は40歳近くになっており、過去に加入していなかった期間は取り戻せない。また、フリーランスの業務委託など雇用契約ではない働き方には適用されないし、厚生年金に加入していても報酬額が低ければ、年金額もその分低くなる。適用拡大自体は歓迎すべきことだが、それだけで問題が解決するわけではない。

さらに、将来低年金が懸念される非正規雇用者は、未婚で子供がいないことも多い。第2章で述べたように、世代全体で見ると就職氷河期世代はむしろ出生率が下げ止まりを見せていた時期ではあるが、個人レベルで見ると、初職が非正規雇用だった人は男女問わず40歳までに結婚する確率が低く、子供の数も少ない。つまり、将来低年金が懸念される人ほど、老後を子供に頼ることもできない場合が多い。

就職氷河期世代が高齢期を迎えると、現役時代の厚生年金加入期間や報酬額が十分でなかったために、年金だけでは生活が成り立たない単身高齢者世帯が増えることが予想される。現時点ですでに、生活保護受給者の半数以上が65歳以上の高齢者だが、今後はさらに増えていくだろう。

既存の枠にとらわれないセーフティネットの拡充

就職氷河期世代はすでに中高年であり、20代、30代の時期に失われた就業機会について、いまから取り返すことは難しい。無論、すでに行われている各種の就労支援を継続し、能力開発の機会を提供したり、非正規雇用者の正社員登用を促進したりすることによって、今後さらに傷が広がることを防ぐ努力は必要である。しかし、２００３年の「若者自立・挑戦プラン」にはじまり、近年の「就職氷河期世代支援プログラム」に至るまで、過去20年にわたって様々な施策が行われてきたにもかかわらず、経済的に親に依存する未婚の低所得者や社会的に孤立傾向にある無業者の増加は防ぎきれなかった。年齢を重ねるほど教育訓練投資の効率は下がることも考えると、就労による経済的自立が難しい層が一定数存在することを受け入れて、福祉の拡充を具体的に検討し始めるべき段階に来ているのではないだろうか。

前述のとおり、今の日本の税・社会保障の枠組みでは、就業はしているが所得が十分でない者に対する再分配が不十分で、社会保険の仕組みはむしろ逆進的ですらある。そもそも、雇用保険をはじめとする社会保険方式のセーフティネットは、過去に保険料を拠出していなければ給付を受けることができず、若年期からずっと雇用が不安定な者にとっての救済策にはなりえない（酒井２０２０）。社会保険によらない仕組みが必要だ。

社会保険によらないセーフティネットとして、既存の制度では生活保護制度があるが、保護を受けるための条件が非常に厳しく、生活保護の条件を満たすところまで困窮してしまってから再度経済的に自立するのは容易ではない。そこまで困窮する前に、適切な支援を行うことで経済的に自立した状態に戻すための仕組みが必要だ。２０１５年に施行された生活困窮者自立支援法は、就労に困難を抱える無業者への支援としては一歩前進であった。これに加えて、特に、就労しているのに十分な収入を得られない層に対して、就労意欲を削《そ》ぐことなく、収入の底上げをするような支援ができると良いだろう。

例えば、欧米では実際に導入され、一時期日本でも盛んに議論されていた給付付き税額控除、いわゆる「負の所得税」は、一定以下の所得の人に対して、労働所得に比例した給付を行うものだ。必ずしも給付付き税額控除が最適な形式であるとは限らないが、既存の制度の枠にとらわれない発想で議論を深めていく必要があるだろう。

介護サービスのさらなる拡大

就職氷河期世代がこれから直面するもう一つの課題が親世代の介護だ。氷河期前期世代と重なる団塊ジュニア世代は、２０２４年現在50代前半、その親である団塊の世代は70代後半になっており、すでに介護の問題に直面し始めている。

２０００年の介護保険制度の創設以降、介護サービスの需要も供給も大幅に拡大したが、介護産業は常に人手不足に悩まされてきた。今後も高齢化の進展に伴い需要は拡大し続け、供給が追い付かない状況は続くと予想される。しかし、特に親と同居する未婚者にとって、親に介護が必要となった時に仕事を続けるためには、介護サービスの利用は必須である。

介護休暇制度や短時間正社員制度など、職場の側で介護と両立できるような仕組みの導入も進められているが、そうした制度を利用できるのは、現状ではそれまで正社員として勤めてきた人に限られていることがほとんどだ。現時点でも親に経済的に依存している未婚の非正規雇用者が、親の介護のためにさらに仕事を減らすことは、将来さらに困窮することにつながる。介護サービスの拡充や低所得世帯に対する介護保険給付の充実は、就職氷河期世代対策としても重要である。

雇用政策・就労支援で若年のうちに挽回を

本書は、就職氷河期世代よりも若い世代も、バブル期以前に就職した世代に比べると、雇用が不安定で年収が低いままであり、世代内の所得格差も拡大する傾向にあることを明らかにした。こうした若い世代にこそ、職業訓練や雇用助成、無業者に対する就労支援などが有効だ。求職者と求人企業のマッチングの改善や、能力開発など、若年雇用政策の枠組みの中ですでに様々な取り組みがなされている。こうした取り組みを今後も継続していくことが必要だろう。

ところで、こうした施策の効果がきちんと評価・分析されてきたとは言いがたい。職業訓練一つとっても、より効果的なプログラムとあまり効果の出ないプログラムがあるはずで、限られた資源を効果的なプログラムに集中したほうが効果が上がる。折しも行政データの電子化（DX化）が進められ、計量的な政策効果は行いやすくなってきたはずだ。雇用政策の現場にも、ＥＢＰＭ（エビデンスに基づく政策立案）の考え方が広まっていくことを期待したい。

２０１０年代後半以降顕在化してきた、人口減少下の人手不足は、まだ30代であるリーマン震災世代にとっては追い風とも言える。企業側から見れば、この世代をうまく活用していくことが喫緊の課題だとも言える。

一方で、リーマン震災世代は就職氷河期世代よりはまだ挽回《ばんかい》の余地があるといっても、労働市場全体の流動化による不安定雇用の増加や所得格差の拡大傾向を、政策介入によって完全に止めることは難しい。前述の社会保険によらないセーフティネットの整備は、若い世代にとっても必要となるだろう。

データに基づく冷静な議論を

ここまでの提言に目新しいものはほとんどないかもしれない。生活保護に至る手前のセーフティネットの必要性はかなり前から議論されているし、介護離職の問題についても広く社会認知されて久しい。雇用政策や就労支援についても、20年以上前から様々な施策が行われてきている。

結局、画期的な特効薬は存在しないのだ。

しかしそれぞれの課題について、少しずつでも改善していく努力はできるし、実際これまでもそうした努力はなされてきた。そのような努力はこれからも継続していくべきである。

その一方で、解決できない問題の存在を受け入れ、それを前提とした議論を進めていくことも必要だ。例えば就職氷河期世代が高齢期に差し掛かった時には、現行の公的年金制度の給付だけでは生活が成り立たない単身高齢者世帯の増加はおそらく避けられない。そこを直視せずに、リカレント教育やリスキリングなどのカタカナ語を並べて、人的資本投資によって問題が解決できるかのように論じるのは、より本質的な議論の先送りにしかならない。

議論の前提として、データに基づく客観的な現状把握も重要だ。就職氷河期の経験は、人それぞれだ。一般的に、人は自分の世代が相対的に割を食っていると考える傾向がある。その一方で、社会的孤立のように、当事者以外には見えにくい問題もある。第2章で取り上げた出生率の動向のように、世間の認識とデータで確認された事実にずれがあることもある。

国民の間で、広くデータに基づく事実認識を共有したうえで、冷静な議論を粘り強く進めていくこと。複雑な問題を解決していくには、こうした地道なアプローチが結局はいちばん有効だと考える。

補論

本書で使用したデータについて

本書の各章で使用したデータについての説明を補足する。以下に説明のない調査については、公刊されている年報や報告書の数値をそのまま利用し、出所を図表あるいは本文に明記するようにした。

なお、労働力調査、就業構造基本調査、賃金構造基本統計調査については、科学研究費補助金（20K01721）の補助事業として総務省統計局及び厚生労働省から二次利用許可を得ている。

労働力調査（第1章〜第5章）

総務省統計局が毎月実施している世帯調査で、日本全国の15歳以上人口のランダムサンプルになっている。本書ではもっぱら、年収・学歴・雇用形態がわかる特定調査票のデータを利用している。２００２年以降の特定調査票に相当するものは毎年2月（２０００年と２００１年は2月と8月）に実施される労働力調査特別調査だった。季節の影響を取り除くため、２００１年までの労働力調査特別調査の2月調査と、２００２年以降の１～３月の労働力調査特定調査票のデータをプールして使用している。

労働力調査は、後述する賃金構造基本統計調査と比べて、就業していない人や、自営業など雇用されていない就業者も対象であるという利点がある一方で、年収を50万～数百万刻みの階級値でしか訊いていないという欠点がある。

なお、労働力調査では卒業年を訊いていないので、生まれた年度に高校卒は19、短大高専卒は21、大卒・大学院卒は23を足して学校卒業年とした。浪人や留年をした人には誤差が生じることを考慮し、集計にあたっては、在学中の人はデータから落としたうえで、グラフを作る際は学校卒業年の翌年を起点とした。それでも学校卒業年自体の誤差は残るし、専門学校卒というカテゴリーがなく、入学資格と修業年限に応じて最も近いところ（例えば入学資格が高校卒で修業年限が2年なら短大卒）に割り振ることになっている点にも留意が必要だ。

全国や地域別の失業率は個票データではなく、労働力調査年報として公表されている数値を利用した。

賃金構造基本統計調査（第1章、第3章〜第5章）

厚生労働省が毎年6月に実施している事業所調査で、サンプルサイズが労働力調査と比べてもかなり大きいうえ、賃金台帳に基づいて月給やボーナスなどを訊いており年収の精度が高いという利点がある。ただし、5人以上の常用労働者を雇用する民営事業所及び10人以上の常用労働者を雇用する公営事業所の従業員のみが調査対象で、しかもフルタイムの従業員しか学歴がわからない。このため、本書ではもっぱらフルタイム雇用者の年収データとしてこの調査を用いた。

労働力調査同様、卒業年を訊いていないので、生まれた年度に高校卒は19、短大高専卒は21、大卒・大学院卒は23を足して学校卒業年とした。

就業構造基本調査（第1章、第3章）

総務省統計局が5年おきに実施している世帯調査。とにかくサンプルサイズが大きく、調査時点で就業していない人や、自営業など雇用されていない就業者も対象である。調査項目は労働力調査の特定調査票と似ているが、サンプルサイズが大きい代わりに調査頻度が5年に1回なので、時系列で変化するものの把握には向かない。このため本書では初職についての集計にのみ利用した。

２０１２年と２０１７年調査には学校卒業年と初職についての質問項目があるのでこれを利用した。２００７年調査にも初職についての質問はあるが学校卒業年を訊いていないため使用しなかった。また、初職についての質問は回顧質問項目であるため、測定誤差が大きくなりそうな設問については敢えて使用しなかった。

「社研パネル」（第1章〜第3章）

東京大学社会科学研究所附属社会調査・データアーカイブ研究センターが実施した、『働き方とライフスタイルの変化に関する全国調査』。この調査は、日本全国に居住する20歳から40歳の男女を対象に、２００７年の1月から3月にかけて第1回調査が行われ、その後毎年同じ回答者を追跡調査するパネル調査となっている。初回調査の対象者は、生年に直すと１９６６〜87年生まれにあたり、就職氷河期世代とその少し上の世代が含まれる。使用にあたっては東大社研パネル運営委員会の許可を受けた。

この調査の2007年調査では、最終学歴、その学校を卒業した年、最初に就職した年、初職の雇用形態、産業、企業規模などを尋ねており、この情報を使って、第1章と第3章では就職氷河期世代の初職の特徴を集計した。なお、調査時点で在学中、最後に通った学校を卒業せずに中退、最終学歴が中学校・大学院・不明、卒業年が1986年以前の者は集計から除いた。

第2章では、初職の雇用形態に加えて、その後の追跡調査から結婚や出産についての情報を加えて初職の雇用形態別のグラフを作成した。

国勢調査（第2章、第4章）
総務省統計局が日本の人口を把握するため5年に1度実施している、日本の全居住者を対象とした悉皆《しっかい》調査。本書第2章では、公刊されている男女・年齢各歳別人口や男女・年齢階級・婚姻状況の統計表を用いた。5年おきにしか調査が行われないため、図2－1や図2－2の左側のグラフでは、調査の間の年はその前後の調査の人数の加重平均をあてた。

第4章の表4－1や図4－6では分母となる人口を算出するために、20～50代は死亡による人口減少は無視できると仮定して2020年調査の該当する年齢の人口を用いた。

人口動態統計（第2章）

出生届や婚姻届などを集計した業務統計で、厚生労働省より毎年詳細な集計表が刊行されている。図2－1や図2－2の注にあるように、毎年の各歳別の統計を生年ごとに足し合わせるなどの処理をして使用した。

学校基本調査（第5章）

文部科学省が管轄する学校についての統計で、膨大な量の集計表が公刊されている。このうち、高等教育機関－大学・大学院に掲載されている「出身高校の所在地県別入学者数」と、初等中等教育機関・専修学校・各種学校の卒業後の状況調査の、高等学校（全日制・定時制）の「状況別卒業者数」および「就職先別県外就職者数」を、1980（昭和55年）～2010年（平成22年）の30年分プールして使用した。

あとがき

本書は、就職氷河期世代を中心に、世代別の雇用や経済状況、家族形成、男女間格差などについて、データを用いて客観的にとらえることを心掛けてきた。世代の話は、個人の経験に基づいて語られがちであるために、政府統計をはじめとする信頼できる第三者の集めたデータで裏をとることを徹底した。

本書を手に取る読者は、ご自身が氷河期世代である方も多いと思う。本書に書かれていることが実感と合わないこともあるかもしれない。だが実を言うと筆者も、本書のためにデータを集めてみるまでは、自分たち（1979年生まれ）が、上の団塊ジュニア世代（1970年代前半生まれ）よりほんの少しだが多く子供を産んでいるとも、10歳下の年代の非正規雇用比率が自分たちと同じくらい高いとも思っていなかった。個人の実感があてにならないからこそ、客観的なデータによる現状把握が大切なのだ。

とはいっても、おそらく本書の随所に筆者の主観はにじみ出ていると思う。なので、あとがきでは、筆者自身にとっての「就職氷河期」の話を少ししたい。

筆者は2001年に大学を卒業した、本書の分類でいう氷河期後期世代である。ほとんど就職活動をせずに大学院進学を決めてしまったため、身をもって就職難を経験したとは言いがたいが、大学院で労働経済を専攻するようになったのには、当時の若年雇用をめぐる言説と実態の乖離に、当の若者として感じた違和感が大きく影響している。

そもそも経済学に興味を持ったきっかけが、バブル景気の崩壊だった。バブルが崩壊した1991年前後はまだ中学生だったが、中学生なりに日本経済にとって大変なことが起きていることは理解していた。高校生になってからもずっと、なんでこんなに景気が悪いのだろう、その理由を知りたいと考え続けて経済学部に進学し、そのまま大学院に進んだ。

序章で述べたように、2000年代初頭はまだ、若年の就業意欲の低下が非正規雇用の増加や離職率の上昇を招いたとする見方が根強かった。成人式で会った中学校の同級生で高校や短大を卒業してすぐに正社員の職に就けていた人はほとんどおらず、大学の同期もどのゼミにも1人や2人就職浪人が出るような状況だった。それにもかかわらず、自由を求めてフリーターになったのだから自己責任だというような言説がまかり通ることに強い反発を感じていた。そのような時に、玄田有史『仕事のなかの曖昧な不安』(中央公論新社、2001年)に出会ったのが、労働経済学の実証分析を専門とするようになったきっかけだ。

玄田先生にはその後、東京大学大学院経済学研究科で直接指導を賜る機会を得、第1章で扱った「瑕疵《かし》効果」についての共同研究をしたり、連合総研の「就職氷河期世代の経済・社会への影響と対策に関する研究委員会」でご一緒したり、若年雇用や就職氷河期世代に関する研究面で長年にわたりお世話になってきた。現在も東京大学社会科学研究所の同僚として相変わらずお世話になっているが、NEETやSNEPといった概念を日本に紹介し、実証研究を通じて2000年代以降の若年雇用政策にも大きな影響を与えた先生と、研究者としてのキャリアの初期に一緒にお仕事させていただいた経験は、本書にも大きく影響している。

その後、若年雇用問題だけをずっと研究しつづけてきたわけではないのだが、先述の瑕疵効果についての論文が一定の認知を得たおかげで、若年雇用問題の専門家として、コラムを書いたり講演をしたりヒアリングを受けたりといった機会が数年おきにあった。

そのたびに知識をアップデートし考えを深めていくことができたことも、本書の執筆のベースとなっている。そうした機会を与えてくださったすべての関係者に感謝したい。

本書の企画が立ち上がったのは、２０１９年の秋、政府の「就職氷河期世代支援プログラム」が打ち出された少し後だった。いまだに若年雇用政策の延長であることにフラストレーションを感じる一方、メディアでの就職氷河期世代の取り上げは増えたものの、２０００年代初頭とは逆に、実際以上に不遇な面ばかりが強調されているのではないか、いま一度冷静にデータで確認することが必要なのではないかと考えていた。そんな時に中公新書からタイミングよくお話をいただいて、就職氷河期世代の再検討となるような学術論文と並行して執筆することにした。

コロナ禍もあって5年近くかかってしまったが、本書と、第1章で紹介した瑕疵効果についての論文、そして第2章で紹介した家族形成についての論文を書きあげることができた。それぞれの論文を学会や研究会などで報告した際に得たフィードバックは本書にも反映されており、報告の機会をくださった方々およびコメントをくださった方々に深く感謝したい。特に、プリンストン大学のジェームス・レイモ教授には、第2章の家族形成の話や第3章でふれた既婚女性の就業について多くの有益な助言をいただいた。

本書の執筆にあたっては、中央公論新社の田中正敏氏と工藤尚彦氏に大変お世話になった。これまで一般向けの文章は数千字のコラムしか書いたことがなかったので、はじめのころに書いた原稿は過度に専門的で読みにくいものだったと思う。その読みにくい初稿を解きほぐして、何をどこまで書いたらよいかの指針をいただいた。改めて感謝したい。

近藤絢子

二〇二四年七月

JILPT（2021）「仕事と子どもの育成をめぐる格差問題」労働政策研究報告書 No. 208
Hashimoto, Yuki and Kondo, Ayako（2012）Long-term effects of labor market conditions on family formation for Japanese youth. *Journal of the Japanese and International Economies*, 26(1): 1-21
Currie, J. and Schwandt, H.（2014）Short- and long-term effects of unemployment on fertility. *Proceedings of the National Academy of Sciences*, 111(41): 14734-14739
Ghaznavi, C., Sakamoto, H., Yamasaki, L., Nomura, S., Yoneoka, D., Shibuya, K., and Ueda, P.（2022）Salaries, degrees, and babies: Trends in fertility by income and education among Japanese men and women born 1943-1975—Analysis of national surveys. PLoS ONE 17(4): e0266835
Hofmann, B. and Hohmeyer, K.（2016）The effect of the business cycle at college graduation on fertility. *Economics of Education Review*, 55(C): 88-102
Kondo, Ayako（2024）Subtle Completed Fertility Recovery in Cohorts who Entered the Labor Market during the Deep Recession in Japan. RIETI Discussion Paper 24-E-063
Maclean, J. C., Covington, R., and Kessler, A. S.（2016）Labor Market Conditions at School-Leaving: Long-Run Effects on Marriage and Fertility. *Contemporary Economic Policy*, 34(1): 63-88
Mogi, R., Mugiyama, R., and Alderotti, G.（2024）Employment conditions and non-coresidential partnership in very-low fertility countries: Italy and Japan. *Journal of Family Research*, 36: 160-177

【第４章】
玄田有史・曲沼美恵（2004）『ニート―フリーターでもなく失業者でもなく』幻冬舎
玄田有史（2013）『孤立無業（SNEP）』日本経済新聞出版社
下田裕介（2020）『就職氷河期世代の行く先』日経プレミア

【第５章】
近藤絢子（2024）「就職氷河期の影響の地域差と18歳時点での地域間移動」東京大学社会科学研究所 Discussion Paper J-251

【終　章】
酒井正（2020）『日本のセーフティーネット格差―労働市場の変容と社会保険』慶應義塾大学出版会

参考文献

【序　章】
朝日新聞「ロストジェネレーション」取材班（2007）『ロストジェネレーション―さまよう2000万人』朝日新聞出版
雨宮処凛（2009）『ロスジェネはこう生きてきた』平凡社新書
黒澤昌子・玄田有史（2001）「学校から職場へ―「七・五・三」転職の背景」『日本労働研究雑誌』490号, 4-18
連合総研（2016）「新たな就職氷河期世代を生まないために～連合総研・就職氷河期世代研究会報告～」https://www.rengo-soken.or.jp/work/2016/11/131605.html（2024年３月19日閲覧）

【第１章】
連合総研（2016）「新たな就職氷河期世代を生まないために～連合総研・就職氷河期世代研究会報告～」
太田聰一・玄田有史・近藤絢子（2007）「溶けない氷河―世代効果の展望」『日本労働研究雑誌』564号, 4-16
大竹文雄・猪木武徳（1997）「労働市場における世代効果」浅子和美・福田慎一・吉野直行編『現代マクロ経済分析―転換期の日本経済』東京大学出版会, 56-68
玄田有史（1997）「チャンスは一度―世代と賃金格差」『日本労働研究雑誌』449号, 2-12
黒澤昌子・玄田有史（2001）「学校から職場へ―「七・五・三」転職の背景」『日本労働研究雑誌』490号, 4-18
太田聰一（1999）「景気循環と転職行動」中村二朗・中村恵編『日本経済の構造調整と労働市場』日本評論社, 13-42
Cockx, Bart（2016）Do youths graduating in a recession incur permanent losses? *IZA World of Labor*, 281 doi: 10.15185/izawol.281
Kawaguchi, D. and Murao, T.（2014）Labor-Market Institutions and Long-Term Effects of Youth Unemployment. *Journal of Money, Credit and Banking*, 46: 95-116. https://doi.org/10.1111/jmcb.12153
Kondo, Ayako（2024）Scars of the Job Market “Ice-Age”. *Social Science Japan Journal*, forthcoming

【第２章】
酒井正・樋口美雄（2005）「フリーターのその後―就業・所得・結婚・出産」『日本労働研究雑誌』535号, 29-41
橋本健二（2020）『アンダークラス2030―置き去りにされる「氷河期世代」』毎日新聞出版

近藤絢子（こんどう・あやこ）

1979年生まれ．2001年東京大学経済学部卒，2009年コロンビア大学大学院博士課程（経済学）修了．Ph.D. 大阪大学講師，法政大学准教授，横浜国立大学准教授を経て，2016年より東京大学社会科学研究所准教授，2020年4月より東京大学社会科学研究所教授．専門は労働経済学．2023年，日本学士院学術奨励賞受賞．

共著『人手不足なのになぜ賃金が上がらないのか』（慶應義塾大学出版会，2017年），『日本の労働市場』（有斐閣，2017年）

編著『世の中を知る、考える、変えていく』（有斐閣，2023年）

就職氷河期世代《しゅうしょくひょうがきせだい》
中公新書 *2825*

2024年10月25日初版
2024年12月20日 3版

著　者　近藤絢子
発行者　安部順一

本文印刷　暁　印　刷
カバー印刷　大熊整美堂
製　　本　小泉製本

発行所　中央公論新社
〒100-8152
東京都千代田区大手町1-7-1
電話　販売 03-5299-1730
　　　編集 03-5299-1830
URL https://www.chuko.co.jp/

定価はカバーに表示してあります．
落丁本・乱丁本はお手数ですが小社販売部宛にお送りください．送料小社負担にてお取り替えいたします．

本書の無断複製（コピー）は著作権法上での例外を除き禁じられています．また，代行業者等に依頼してスキャンやデジタル化することは，たとえ個人や家庭内の利用を目的とする場合でも著作権法違反です．

©2024 Ayako KONDO

Published by CHUOKORON-SHINSHA, INC.
Printed in Japan　ISBN978-4-12-102825-9 C1233

経済・経営

g1

2000 戦後世界経済史 猪木武徳
2185 経済学に何ができるか 猪木武徳
2659 経済社会の学び方 猪木武徳
1936 アダム・スミス 堂目卓生
2679 資本主義の方程式 小野善康
2831 イノベーションの科学 清水洋
2307 ベーシック・インカム 原田泰
2815 消費者と日本経済の歴史 満薗勇
2786 日本の経済政策 小林慶一郎
2388 人口と日本経済 吉川洋
2825 就職氷河期世代 近藤絢子
2802 日本の財政―破綻回避への5つの提言 佐藤主光
2338 財務省と政治 清水真人
2541 平成金融史 西野智彦
2784 財政・金融政策の転換点 飯田泰之

2041 行動経済学 依田高典
2501 現代経済学 瀧澤弘和
1658 戦略的思考の技術 梶井厚志
1824 経済学的思考のセンス 大竹文雄
2045 競争と公平感 大竹文雄
2447 競争社会の歩き方 大竹文雄
2724 行動経済学の処方箋 大竹文雄
2575 移民の経済学 友原章典
2473 人口減少時代の都市 諸富徹
2751 入門 環境経済学（新版） 日引聡 有村俊秀
2743 入門 開発経済学 山形辰史
2571 アジア経済とは何か 後藤健太
2506 中国経済講義 梶谷懐
2770 インド―グローバル・サウスの超大国 近藤正規
2420 フィリピン―急成長する若き「大国」 井出穣治
290 ルワンダ中央銀行総裁日記（増補版） 服部正也
2612 デジタル化する新興国 伊藤亜聖